Tomaten

Die besten Rezepte

Julie Landis-Sager

Tomaten

Die besten Rezepte

AT Verlag

Für Vera, Paula und Maja

AT Verlag, Aarau, Schweiz
Rezeptfotos: Andreas Thumm, Freiburg i.Br.
Sachaufnahmen und Umschlagfoto: Jörg Müller, Aarau
Illustration: Julie Landis-Sager
Lithos: AZ Grafische Betriebe AG, Aarau
Druck und Bindearbeiten: Neue Stalling GmbH, Oldenburg
Printed in Germany

ISBN 3-85502-677-7

Inhalt

7 Die schöne Rote

9 Warenkunde
12 Küchenpraxis

15 Suppen
21 Vorspeisen
27 Salate
31 Kleine Gerichte für zwischendurch
37 Fischgerichte
43 Fleischgerichte
49 Vegetarische Gerichte und Beilagen
61 Pizzas, Quiches, Wähen

67 Saucen
73 Vorräte

79 Rezeptverzeichnis

Die schöne Rote

Ihr Fruchtfleisch ist getränkt mit Sonne: Frau Tomate ist die Königin des Sommers! Ihr gebührt mehr Platz als ein simpler Salatteller, auf dem sie zur reinen Dekoration abgewertet wird.

Sommer! Es gibt sie das ganze Jahr hindurch, ihr Bestes jedoch gibt sie uns von Juli bis Oktober. Auf den Wochenmärkten haben die Früchte aus Freilandkultur Vorrecht, denn nur diese Tomaten duften nach Tomatenblatt und Sonne.

Schon ein kleines Stück Garten oder ein grosser Blumentopf auf dem Balkon bieten sich an, Köstlichkeiten wie «Marktwunder», «Ochsenherz», «Andentomaten», Kirschtomaten und viele mehr zu säen, zu ziehen – und zu geniessen.

Suchen Sie Ihre Lieblingssorte! Bei verschiedenen Fachstellen (siehe Seite 9) erhalten Sie Informationen über diverse, auch alte Sorten. Es lohnt sich, mit diesen Stellen in Kontakt zu treten. Entdecken Sie so den ursprünglichen, unvergleichlichen Tomatengusto wieder! Eine sonnenwarme, fleischige Tomate direkt vom Stock ist konkurrenzlos die beste – und unvergleichlich anders als jene aus dem Kühlhaus.

Ich wünsche Ihnen, liebe Leserin, lieber Leser, dass Sie diese einzigartigen Genüsse erleben können.

Julie Landis

Die Sorten

Im 16. Jahrhundert von den Seefahrern von Südamerika nach Europa gebracht, hatte die Tomate bei uns eine schwierige Anlaufzeit. Es dauerte nochmals rund 200 Jahre, bis die vermeintlich giftige Zierpflanze sich als Gemüsepflanze endgültig durchgesetzt hatte.

Heute ist sie uns ein alltägliches, selbstverständliches Gemüse, auf das wir nicht mehr verzichten möchten. Sie ist bei uns sogar das meistgebrauchte Gemüse überhaupt. Um uns noch mehr zu bieten, versuchen Samenzüchter und -sammler, immer wohlschmeckendere, in Form und Farbe prächtigere Sorten zu ziehen. So geschieht es, dass die Tomate zu ihrem reichen und ursprünglichen Aroma zurückfindet.

Vergessen wir alle genetischen Manipulationen der letzten Jahrzehnte, verzichten wir auf diese perfekt roten, aber nie und nimmer reif werdenden Pseudo-Tomaten und geben wir uns ganz der Ur-Tomate hin. Verschiedene Samenproduzenten sind darum bemüht, die Vielfalt der Sorten zu erhalten und zu fördern, alte Sorten wiederzuentdecken und uns die echten Samen zu liefern, die den wahren, höchsten Tomatengenuss vermitteln.

Erwähnt seien hier:

Pro Specie Rara
Sortenzentrale Pflanzenbau
Postfach 95
CH-5742 Kölliken

Allerleirauh
Kronstrasse 24
D-61209 Echzell

Arche Noah
Obere Strasse 40
A-3553 Schiltern

Le Biau Germe
F-47360 Montpezat

Blütenstand der gelben Cherrytomate

Nomen est omen

Botanisch:
Lycopersicon esculentum aus der Familie der Nachtschattengewächse, der Solanaceae

Andere Bezeichnungen:
Poma amoris fructu luteo – Pomodoro – Liebesapfel – Pomme d'amour – Paradiesapfel – Paradeiser – Golt Apffel – Goldapfel – Tumatle – Indianerapfel

Und eine Auswahl von Sorten:

Lucullus
Bonner Beste
Erste Ernte
Marktwunder, Merveille du Marché
Wunder von Italien
Goldene Königin
Goldenes Jubiläum
Tuckswood
Ochsenherz, Cuore di Bue, Cœur de bœuf
Super Steak
Beefsteak
Andentomate, Perutomate
Pflaumentomate
Berner Rosen
St-Pierre
Roma
San Marzano
Super Marmande
Karos
Riesentomate, La Géante
Weisse Tomate
Selma
Auriga
Berao
Gelbe Delikatess
Yellow Plum
Black Plum
Aurora
Renas Turban
Reisetomate
Kirschtomaten
Gelbe Aesch
Green Zebra
Quedlinburger frühe Liebe
Gezahnte Tomate Bührer-Keel
Yellow Perfection
Tornado
Moneycross
Sweet Chelsea
Ronaclave
Gardener's Delight
Sweet 100
Sutton's Ornamental Mixed
Tigerella
Plumito
Red Robin
Red Canary
Alfresco
Tomaten – Tomaten – Tomaten

Anzucht

Die Tomate gedeiht bei uns am besten vor Regen geschützt oder an einer nach Süden gerichteten Hauswand. Sie braucht reichlich gedüngten Boden.

Im März wird sie an einem warmen Ort in warme Saaterde ausgesät. Keimzeit ca. 8–12 Tage. Dann in Töpfe oder in das gedeckte Saatbeet pikieren. Tagsüber das Saatbeet öffnen, damit sich die Pflänzchen an die Aussentemperatur gewöhnen (abhärten). Nach den Eisheiligen auspflanzen. 10 Tage vor dem Auspflanzen gebe ich in jedes Pflanzloch eine Hand voll geschnittene Brennnesseln. Pflanzenabstand: 80 cm. Früh aufbinden. 1–2 Haupttriebe ziehen, alle sich neu bildenden Triebe ausbrechen. Man kann den Reifeprozess beschleunigen, indem man nach der vierten Blütenrispe die Staude köpft. Giessen: Ausgiebig, nur am Fuss der Pflanze.

Meine Favoriten: Andentomate, St-Pierre, Marktwunder, Cuore di Bue, Riesentomate und viele süsse Kirschtomaten.

Cuore di Bue

Etwas Küchenlatein und praktische Tipps

Tomaten lagern

Niemals im Kühlschrank aufbewahren! Die Tomaten in einen flachen Korb oder in eine Schale legen und fortlaufend die reifsten Tomaten verwenden.

Tomaten häuten

An der Unterseite kreuzweise einschneiden, mit dem Schaumlöffel ca. 20 Sekunden in siedendes Wasser tauchen. Herausheben, die Haut abziehen und den Stielansatz herausschneiden.

Was tun mit sehr reifen Tomaten?

Waschen, in grobe Stücke schneiden, durch ein Haarsieb in eine Schüssel streichen. Für Suppen und Saucen verwenden oder mit frischem Basilikum anreichern und in Portionenbehältern tiefgefrieren.

Was tun mit unreifen, grünen Tomaten?

Nie roh essen! Sie eignen sich für viele herrliche Vorräte wie Chutney, Serbischer Salat oder auch zu Fleisch-Gemüse-Ragouts (siehe Rezepte Seite 44, 73).

Unversehrte grüne Tomaten halten sich wochenlang und reifen bei Zimmertemperatur noch nach. Es ist so möglich, noch bis in den Dezember hinein eigene, reife Tomaten zu essen.

Menschen, die auf Solanin empfindlich reagieren, sollten grüne Tomaten meiden.

Tomatenpüree und -saucen einfrieren

Tomatenpürees und -saucen (z.B. Rezepte Seite 67, 70, 74) in eine Eiswürfelschale mit Unterteilung giessen und einfrieren. Die gefrorenen Würfel in Gefrierbeuteln im Tiefkühlfach aufbewahren. Dies ergibt für die Winterzeit praktische Portionen zum Abschmecken von Saucen, Suppen, Braten oder Teigwaren.

Passende Kräuter

Am besten passen zu Tomaten Basilikum, Petersilie, Sellerie, Oregano und Thymian.

Bouquet garni

Ein Bouquet garni gibt vielen Gerichten eine feine Würze.
Je 1 Stück Sellerie, Karotte, Lauch und Zwiebel (nach Belieben 1 Lorbeerblatt) zusammenbinden, mit dem Gericht zusammen kochen und vor dem Auftragen entfernen.

Persillade
2 Knoblauchzehen, reichlich Petersilie.
Die Knoblauchzehen hacken. Die Petersilienblätter darüber legen und alles zusammen möglichst fein schneiden.

Zu den Rezepten

- Wenn nicht anders vermerkt, sind die Rezepte für 4 Personen berechnet.
- Die Tomaten werden immer gewaschen, vom Stielansatz befreit und je nach Verwendungsart enthäutet, entkernt, halbiert, geschnitten, püriert usw.
- Öl, Butter, Fett oder Margarine lassen sich nach Gutdünken austauschen.
- Salz und Pfeffer genügen zum Würzen. Sie können natürlich nach Belieben andere Gewürze verwenden.
- Bereiten Sie Paniermehl selber zu: Dazu altbackenes Brot oder trockene helle Pariserbrotscheiben an einer feinen Raffel reiben.
- In einigen Rezepten sind die Zutaten in Tassen angegeben: 1 Tasse = 2 dl oder 200 ml.
- Zu den Massen: Hohlmasse sind in Bruchteilen von Litern oder in Millilitern angegeben. 1 dl = 100 ml = 1/10 l. 50 ml sind also 1/2 dl und 25 ml 1/4 dl.

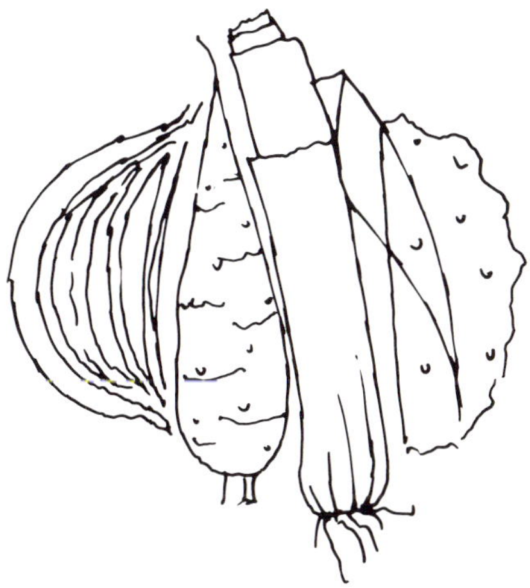

Feine Tomatensuppe mit Broccoli

500 g Broccoli
750 g Tomaten
1 Zwiebel
1/2 Tasse Kräuter (Basilikum, Petersilie, Thymian)
2 EL Zucker
1 TL Salz
80 g Butter
3 EL Mehl
3/4 l Milch
2 Scheiben Weissbrot
wenig Olivenöl
Pecorinokäse, nach Belieben
Pfeffer aus der Mühle

◆ Den Broccoli in mundgerechte Röschen teilen und in Salzwasser bissfest garen, beiseite stellen.
◆ Die Tomaten grob schneiden, Zwiebel und Kräuter hacken und alles zusammen mit dem Zucker und Salz 15 Minuten kochen, dann durch ein Sieb streichen.
◆ Die Butter erwärmen, das Mehl darin dünsten, dann mit der Milch ablöschen und alles zu einer sämigen Béchamelsauce kochen.
◆ Die durchpassierte Tomatensauce beifügen und nochmals 5 Minuten unter Rühren köcheln lassen, mit Pfeffer abschmecken.
◆ Die Broccoliröschen beifügen und heiss werden lassen.
◆ Inzwischen das Weissbrot in kleine Würfel schneiden und im Olivenöl goldbraun backen, zur Suppe servieren.
◆ Die Suppe nach Belieben mit einigen Schnipseln Pecorinokäse bestreuen.

Tomatensuppe Classico

1 kg San-Marzano-Tomaten
1 Zwiebel
2 Knoblauchzehen
1 Karotte
1 Zweig Estragon
3 Zweige italienische Petersilie
4–6 Blätter von Stangensellerie
20 g Butter
6 EL Tomatenpüree
600 ml Gemüsebouillon
1 TL Zucker
1 Prise Nelkenpulver
Salz, Pfeffer aus der Mühle
100 ml Vollrahm

◆ Die Tomaten vierteln. Zwiebel, Knoblauch, Karotte und Kräuter fein schneiden.
◆ Die Butter in einem grossen Topf schmelzen, Zwiebel, Knoblauch und Karotte darin weich dünsten, das Tomatenpüree dazugeben, mitdünsten, dann die Tomaten dazugeben und ebenfalls mitdünsten.
◆ Mit der Gemüsebouillon ablöschen und 20 Minuten köcheln lassen.
◆ Den Topf vom Herd ziehen, die Suppe pürieren.
◆ Die Suppe nochmals ein wenig köcheln lassen, dann die gehackten Kräuter darunter mischen und würzen. – Den Rahm leicht schlagen, einen Teil davon unter die Suppe ziehen, den Rest zum Dekorieren verwenden.

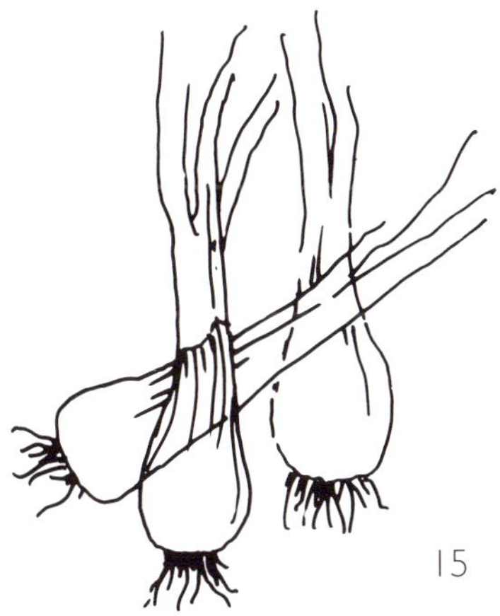

Cherrytomaten am Stock

Aztekensuppe

1 Zwiebel
2 Knoblauchzehen
2 EL Olivenöl oder Maiskeimöl
4 grosse Tomaten oder 400 g Dosentomaten (Pelati)
800 ml Hühnerbouillon
1 frische Chilischote
6 Tacoschalen
1 reife, weiche Avocado
150 g Schafskäse
180 g Sauerrahm
1 Limone
Salz, Pfeffer aus der Mühle

◆ Die Zwiebel und den Knoblauch fein hacken und im nicht zu heissen Öl glasig dünsten.
◆ Die Tomaten grob schneiden, dazugeben und 20 Minuten köcheln lassen.
◆ Mit der Bouillon auffüllen, würzen und 15 Minuten weiterköcheln lassen.
◆ Die Chili längs aufschneiden, entkernen, fein schneiden und in wenig Öl gut dünsten, beiseite stellen.
◆ Die Tacoschalen in mundgerechte Stücke brechen. Die Avocado schälen und in zentimetergrosse Würfelchen schneiden, den Schafskäse in gleich grosse Würfel schneiden.
◆ Die Suppe in Tellern anrichten, etwas Avocado, Chili, Schafskäse und Tacostückchen darüber verteilen und mit einem Klacks Sauerrahm dekorieren.
◆ Die Limone vierteln und jeweils einen Viertel zum individuellen Abschmecken auf den Tellerrand legen.

Kalte Tomatensuppe mit warmen Croûtons

4 grosse Fleischtomaten
1 kleine Zwiebel
wenig Portwein nach Belieben
1 EL Olivenöl
1 grüne Peperoni (Paprika)
1–2 Tassen Brotwürfelchen
Olivenöl
Salz, Paprika (oder Pfeffer)

◆ Die Tomaten häuten, entkernen und pürieren.
◆ Die Zwiebel dazureiben. Würzen, mit etwas Portwein verfeinern und das Olivenöl gut darunter schwingen.
◆ Die Peperoni in kleine Würfel schneiden, dazugeben und die Suppe mindestens 1 Stunde kalt stellen.
◆ Die Brotwürfelchen in wenig Olivenöl rösten und zur Suppe reichen.

Kalte Tomatensuppe mit warmen Croûtons

Gazpacho

1 kg Tomaten
250 g altes Brot mit Rinde
2 EL Weisswein
1 Zwiebel
1 grüne Peperoni (Paprika)
1 Gurke
2 Knoblauchzehen
150 ml Olivenöl
2 EL Weinessig
Salz, Pfeffer aus der Mühle

◆ Die Tomaten häuten, entkernen und zerschneiden.
◆ Das Brot in etwas Wasser und dem Wein einlegen, danach gut ausdrücken.
◆ Die Zwiebel fein hacken, die Peperoni entkernen und grob zerschneiden, die Gurke schälen und ebenfalls grob zerschneiden, den Knoblauch durchpressen.
◆ Portionenweise Brot und das vorbereitete Gemüse mit etwas Wasser im Mixer pürieren, dabei immer wieder vom Öl und Essig dazugeben.
◆ Würzen, in eine Suppenschüssel geben und mindestens 1 Stunde kalt stellen.
◆ Mit Brot servieren.

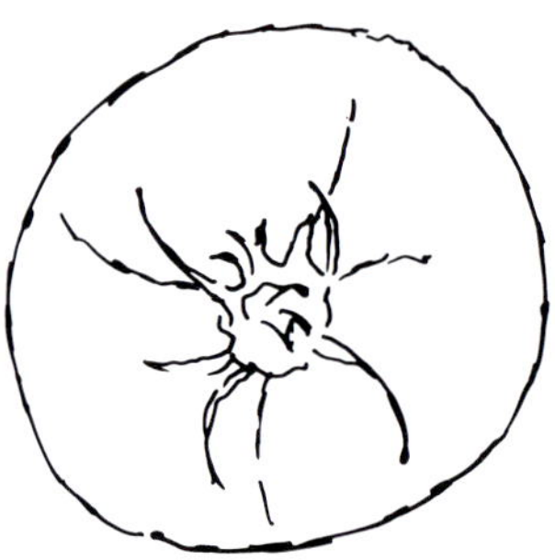

Tioro

Baskische Fischsuppe

Für 6 Personen als Vorspeise oder
für 4 Personen als Hauptgericht

1 kg Tomaten
500 g Fischfilet (Dorsch, Kabeljau)
250 g Zwiebeln
1 Tasse Stangenselleriеblätter
2 Knoblauchzehen
1 Bund Petersilie
4 EL Öl
1/4 l Hühnerbouillon
200 ml Weisswein
1/2 TL Thymian
2 TL Salz
Pfeffer aus der Mühle

◆ Die Tomaten und den Fisch würfeln. Die Zwiebeln, die Stangenselleriеblätter, Knoblauch und Petersilie fein hacken.
◆ Das Öl erhitzen, Zwiebeln, Selleriekraut und Knoblauch darin gut dünsten, die Tomaten beigeben und mischen.
◆ Die Bouillon, den Weisswein, Thymian und die Gewürze dazugeben und alles 30 Minuten köcheln lassen.
◆ Die Fischwürfel dazugeben und 10 Minuten ziehen lassen (die Suppe darf nicht mehr kochen!).
◆ Die Suppe in die Teller schöpfen und mit der gehackten Petersilie bestreuen.

Minestrone mit getrockneten Tomaten

Für 6 Personen

1 Hand voll getrocknete Borlottibohnen
1 Hand voll Dörrbohnen, in Stücke gebrochen
1 Hand voll getrocknete Tomaten
1 Zwiebel
2 Knoblauchzehen
1 Stange Lauch
1 mittelgrosser Knollensellerie
1 kleiner Wirz (Wirsing)
2 Zucchini
4 EL Olivenöl
100 g Speckwürfelchen
4 EL Tomatenpüree
1 Tasse Makkaroni
1 Hand voll Kräuter
Parmesan, gerieben
Salz oder Bouillonpulver

◆ Borlottibohnen, Dörrbohnen und getrocknete Tomaten zusammen über Nacht in so viel Wasser einweichen, dass sie damit bedeckt sind.
◆ Die Zwiebel und den Knoblauch fein hacken, die übrigen Gemüse in mundgerechte Stücke schneiden.
◆ Das Öl erhitzen, die Speckwürfelchen anbraten, dann Zwiebel und Knoblauch zugeben und glasig dünsten. Das Gemüse beifügen und gut andünsten, bis alles zusammenfällt.
◆ Das Tomatenpüree dazugeben, gut darunter mischen und eine Weile mitdünsten.
◆ Die eingeweichten Bohnen und Tomaten samt dem Einweichwasser dazugiessen, mit Salz oder Bouillonpulver würzen und alles 1 Stunde leicht köcheln lassen. Dann die Makkaroni beigeben und nochmals 15 Minuten mitköcheln lassen.
◆ Kurz vor dem Servieren die Kräuter fein hacken und darunter mischen. Den geriebenen Parmesan separat zur Suppe reichen.

Tomatensuppe aus dem «Hausschatz» 1917

«4 oder 5 Tomaten werden gewaschen, gedämpft und durch ein Sieb gerührt. In einem anderen Topfe wird Reis gekocht mit Bouillon und Gewürz, die Tomaten hinzugetan und nochmals aufgekocht. Dann wird die Suppe mit einem Ei abgequirlt und mit feiner Petersilie angerichtet.»

Tomatencocktail

Für 1 Glas

2 mittlere, reife Tomaten
1 Orange, Saft
1/2 Zitrone, Saft
2 EL Sauerrahm
1 Prise Zucker

◆ Die Tomaten häuten, fein würfeln und in ein Glas geben.
◆ Orangen- und Zitronensaft mit dem Sauerrahm und dem Zucker gut verrühren, über die Tomatenwürfelchen giessen und vermischen. Kalt servieren!

Tomatendrink

Für 1 Glas

2 mittlere, reife Tomaten
1 TL Worcestershiresauce
2 EL Zitronensaft
1 TL Zucker
wenig Cayennepfeffer, Salz und Pfeffer aus der Mühle

◆ Die Tomaten häuten und pürieren.
◆ Mit den übrigen Zutaten gut vermischen. Gut gekühlt servieren.

5-mal gefüllte Tomaten

Mit Auberginenkaviar

◆ Auberginen waschen und noch feucht in die Mitte des auf 200 Grad vorgeheizten Backofens geben. Backen, bis die Haut platzt.
◆ Die Auberginen herausnehmen und auf einem Holzbrett mit zwei Gabeln zerpflücken, erkalten lassen.
◆ Das Fruchtfleisch von der Schale lösen und mit einer Gabel zerdrücken (Schale wegwerfen). Mit fein gehackter Schalotte, Salz, Pfeffer, nach Belieben Knoblauch und mit Olivenöl mischen.
◆ Die Masse in ausgehöhlte Tomaten füllen und mit Olivenstreifchen garnieren.

Mit frischem Geisskäse und Minze

◆ Kleine Geisskäse zusammen mit etwas Olivenöl zerdrücken und mit fein gehackter Pfefferminze vermischen, würzen.
◆ In ausgehöhlte Tomaten füllen und mit einem Pfefferminzblatt garnieren.

Mit Rauchlachs und Fenchel

◆ Fenchel fein hacken, den Rauchlachs mit zwei Gabeln zerpflücken.
◆ Salz, Olivenöl und Fenchelsamen dazugeben, mischen.
◆ In ausgehöhlte Tomaten füllen und mit Zitronensaft und Olivenöl beträufelt servieren.

Mit Crevetten und Reis

◆ Gekochten Reis und Crevetten mischen. Mayonnaise, Zitronensaft und nach Belieben Ketchup darunter mischen.
◆ In ausgehöhlte Tomaten füllen und mit einer dünn geschnittenen Zitronenscheibe garnieren.

Mit Zucchini und Sauerrahm

◆ Zucchini schälen, weich kochen, erkalten lassen.

◆ Mit einer Gabel zerdrücken, Sauerrahm, reichlich gehackte Kräuter und Zitronensaft darunter mischen und würzen.

◆ In ausgehöhlte Tomaten füllen und mit feinen Zucchinistreifen garnieren.

Die gefüllten Tomaten serviert man auf einem frischen Salatblatt. Als Garnitur eignen sich zum Beispiel auch Oliven, Peperoni-(Paprika-)streifen, Gurkenscheiben, Zwiebelringe, Kapern, Kräuter.

Tomaten mit Quark

4 Fleischtomaten
5 Sardellenfilets
1 hart gekochtes Ei
1 Hand voll Basilikum
1 grosse Gewürzgurke
4 EL Rahm
150 g Magerquark
2 EL Peperoni-(Paprika-)würfel, gelb oder grün
2 EL Weizenkeimflocken
Salz, Pfeffer aus der Mühle
ganze Basilikumblätter als Garnitur

◆ Die Tomaten quer halbieren, aushöhlen, klein würfeln und in einem Sieb abtropfen lassen, eventuell etwas ausdrücken.

◆ Sardellen, Ei und Basilikum fein hacken, die Gurke fein würfeln.

◆ Den Rahm steif schlagen.

◆ Alle Zutaten gut miteinander mischen, den Rahm sorgfältig unterheben, abschmecken. Die Masse in die Tomatenhälften füllen und mit dem Basilikum garnieren. Dazu ein knuspriges helles oder dunkles Baguette reichen.

Tomaten am Spiess

4 grosse, reife Fleischtomaten
6–10 schöne Salatblätter in der Grösse der Tomatenscheiben
1 Dose Thon rosé (Thunfisch)
3 EL Mayonnaise
1 kleine Zwiebel
1 Gewürzgurke
4 Silberzwiebeln

◆ Die Tomaten in dicke Scheiben schneiden.

◆ Auf jede Tomatenscheibe ein Salatblatt legen.

◆ Den Thon zerpflücken, mit der Mayonnaise vermischen und auf die Salatblätter verteilen.

◆ Die Zwiebel in Ringe schneiden und auf dem Thon verteilen.

◆ Die belegten Tomatenscheiben wieder zu einer ganzen Tomate zusammenfügen und mit einem Holzspiesschen fixieren.

◆ Mit der Gewürzgurke und den Silberzwiebeln garnieren.

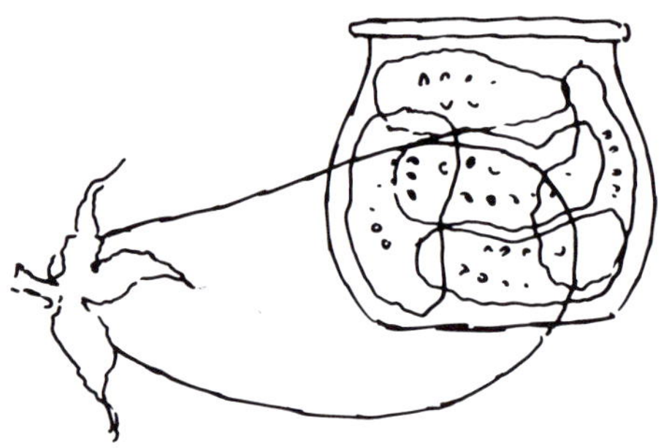

Kleine Aperitiftomaten

12–16 Cherrytomaten
1 Dose Thon rosé (Thunfisch)
2 Schalotten
4 EL Mayonnaise
wenig Senf, Salz
1 Bund Petersilie

◆ Von den Tomaten einen Deckel abschneiden, die Tomaten vorsichtig aushöhlen.
◆ Den Thon zerteilen, mit den fein gehackten Schalotten, der Mayonnaise und dem Senf vermischen, würzen.
◆ Die Petersilie fein hacken und auf einen grossen Teller streuen. Die gefüllten Tomätchen darauf setzen. Dazu knuspriges Brot servieren.

Raffinierte Tomaten

Für 6 Personen als Beilage oder als Vorspeise

6 grosse oder 12 kleine Tomaten
50 g weiche Butter
1/2 Tasse Kräuter
2 Sardellenfilets
einige schwarze Oliven, fein gehackt
1 Knoblauchzehe, gepresst
Salz, Pfeffer aus der Mühle

◆ Die Tomaten häuten, einen Deckel wegschneiden und ein nussgrosses Loch aushöhlen.
◆ Die Tomaten in eine gebutterte Form stellen und würzen.
◆ Die Butter schaumig rühren. Die Kräuter fein hacken, die Sardellenfilets fein schneiden. Kräuter, Sardellen, Oliven und Knoblauch beifügen und würzen.
◆ Die Kräuterbutter in die Tomaten füllen, den Deckel wieder aufsetzen und die Tomaten im auf 220 Grad vorgeheizten Ofen bei Oberhitze 10–15 Minuten überbacken.

Gefüllte Auberginenschnitten

2 längliche Auberginen
6–8 eingelegte getrocknete Tomaten
1 Bund Basilikum
2 Knoblauchzehen
100 g Mozzarella
wenig Mehl
1 Ei
Olivenöl
Salz, Pfeffer aus der Mühle

◆ Von den Auberginen den Stiel entfernen und die Früchte mit der Schale der Länge nach in 4 mm dicke Scheiben schneiden. Die Scheiben beidseitig salzen, auf Küchenpapier legen und 30 Minuten stehen lassen.
◆ Die Tomaten und den Basilikum fein hacken, den Knoblauch dazupressen, den Mozzarella in kleine Würfel schneiden, alles gut vermischen und würzen.
◆ Die Auberginenscheiben gut abtrocknen, beidseitig im Mehl wenden, durch das verklopfte Ei ziehen und auf beiden Seiten im Öl goldbraun backen.
◆ Die Füllung jeweils auf eine Scheibe streichen und mit einer zweiten bedecken.
◆ Nebeneinander in eine geölte Form legen und bei 200 Grad im Backofen erhitzen, bis auch die Füllung heiss ist.

Schnell und bunt

2 Fleischtomaten
1 gelbe Peperoni (Paprika)
1 Zucchini
1 Aubergine
1 Salatgurke
1 Zwiebel
2 EL Olivenöl
150 g Schinkenwürfelchen
Salz, Pfeffer aus der Mühle

◆ Alle Gemüse rüsten, entkernen und in gleich grosse Würfel schneiden.
◆ Im heissen Öl zuerst die Zwiebel und den Schinken andünsten, dann die anderen Gemüse dazugeben, würzen und etwa 15 Minuten weich dünsten.
◆ Mit einem feinen Brot als Vorspeise servieren.

Passt auch gut zu Siedfleisch, Braten, Würsten oder einer Aufschnittplatte.

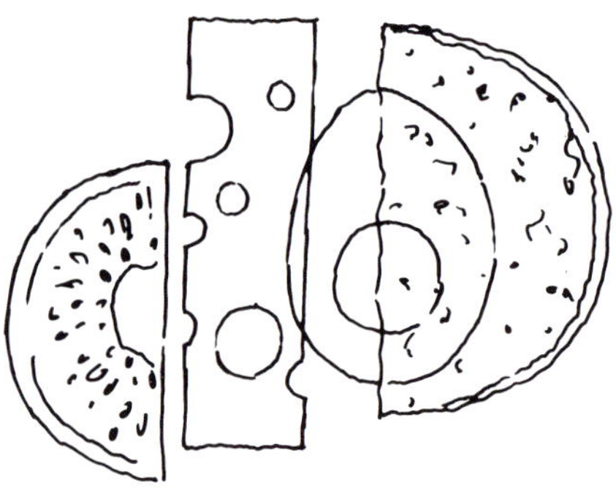

Pan con tomate

Trockene Weissbrotscheiben (am besten Pariserbrot)
reife Tomaten
Salz
Olivenöl

◆ Die Weissbrotscheiben mit den halbierten Tomaten einreiben, salzen und mit wenig Öl beträufeln.
◆ Nach Belieben die Brotscheiben zuerst mit einer Knoblauchzehe einreiben.

Cherrytomatenschnitten

250 g Blätterteig, ausgewallt
100 g gekochter Schinken
100 g Mozzarella
25 Cherrytomaten
Kräuter
1 Ei
Salz, Pfeffer aus der Mühle

◆ Den Teig in rechteckige Stücke beliebiger Grösse schneiden.
◆ Den Schinken in Streifen, den Mozzarella in dünne Scheiben schneiden. Die Tomätchen halbieren, das Ei verquirlen.
◆ Zuerst den Schinken, dann den Mozzarella und zuoberst dicht an dicht die Cherrytomätchen auf die Teigböden verteilen, dabei etwa 1 1/2 cm Rand frei lassen. Würzen und mit gehackten Kräutern bestreuen.
◆ Den Teigrand mit Ei bestreichen und die Schnitten im vorgeheizten Ofen bei 200 Grad 15 Minuten backen.

Bruschetta

2 grosse Fleischtomaten
1 Bund Basilikum
1 EL Kapern
Salz, Pfeffer aus der Mühle
1 Prise Zucker
Olivenöl
4 dick geschnittene Scheiben Weissbrot

◆ Die Tomaten häuten, entkernen und fein würfeln. Basilikum und Kapern fein hacken. Alles miteinander mischen, mit den Gewürzen und Olivenöl abschmecken.
◆ Die Weissbrotscheiben kurz im heissen Backofen rösten und den Tomatenbelag darauf streichen.

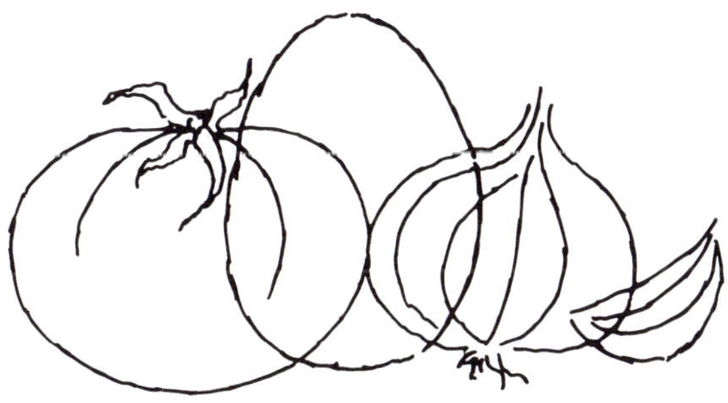

Pariser Tomatensalat

2 Tomaten
1 Schalotte
Salz
Olivenöl
Weissweinessig

◆ Die Tomaten halbieren und in feine Scheiben schneiden.
◆ Ziegelartig auf einen Teller schichten. Die Schalotte fein hacken, darüber verteilen. Den Salat salzen, mit Öl und Essig beträufeln und kurze Zeit stehen lassen.

Dazu schmeckt ein Pariserbrot wunderbar.

Taboulé

Für 6 Personen

2 kg Tomaten
1 Salatgurke
2 Zwiebeln
je 1 Bund Minze und Petersilie
400 g Couscous (trocken)
4 Zitronen, Saft
6 EL Olivenöl
einige Kopfsalatblätter
schwarze Oliven, nach Belieben
Salz, Pfeffer aus der Mühle

Wichtig: Das Taboulé mindestens 3 Stunden im Voraus machen!
◆ Tomaten und Gurke fein würfeln, die Zwiebeln und Kräuter fein hacken.
◆ Alle Zutaten mischen, abschmecken und mindestens 3 Stunden kühl stellen.
◆ Auf Salatblättern anrichten und nach Belieben mit schwarzen Oliven garnieren.
◆ Das Taboulé kann beliebig ergänzt werden, zum Beispiel mit Peperoni (Paprika), Chilischoten, Crevetten, Fisch, Avocado.

Tomaten-Peperoni-Salat aus dem Balkan

5 Tomaten
5 Peperoni (Paprika)
1 Zwiebel
1 Bund Petersilie
Salz, Pfeffer aus der Mühle
Öl, Zitronensaft

◆ Die Tomaten häuten und in dünne Scheiben schneiden.
◆ Die Peperoni im Backofen bei 250 Grad Oberhitze backen, bis sich die Haut dunkel verfärbt und Blasen bildet. Die Peperoni schälen, entkernen und in feine Streifen schneiden.
◆ Die Zwiebel ebenfalls in feine Streifen schneiden. Die Petersilie fein hacken.
◆ Alle Salatzutaten mischen, würzen, reichlich Öl und etwas Zitronensaft darüber giessen.

Tomatensalat aus dem «Hausschatz» 1917

«So wenig bekannt er ist, schmeckt er doch vorzüglich, nur muss man ihn richtig anmachen. Schöne, reife Tomaten (sie dürfen aber noch nicht weich sein) werden in fingerdicke Scheiben geschnitten, reichlich mit Salz und Pfeffer bestreut, mit gutem Weinessig beträufelt und 1/2 bis 1 Stunde zum Durchziehen zur Seite gestellt. Unmittelbar bevor man den Salat zu Tisch geben will, wird er mit halb soviel Öl, wie man Essig verwendete, angemacht; das Öl darf nur von vorzüglicher Qualität sein.»

Tomatensalat Paysanne

4 grosse Fleischtomaten
je 1/2 rote und grüne Peperoni (Paprika)
200 g Schafskäse
100 g schwarze Oliven
2 Schalotten
1 Bund Petersilie
4 EL Olivenöl
2 EL Balsamicoessig
Salz, Pfeffer aus der Mühle

◆ Die Tomaten und Peperoni halbieren, entkernen und fein würfeln.
◆ Den Schafskäse ebenfalls würfeln.
◆ Tomaten, Peperoni, Käse und Oliven in einer Salatschüssel vorsichtig mischen.
◆ Die Schalotten in dünne Ringe schneiden, darüber verteilen.
◆ Die Petersilie fein hacken, darüber streuen, mit Salz und Pfeffer würzen, Olivenöl und Balsamicoessig darüber verteilen und den Salat erst am Tisch mischen.

Klassischer Tomaten-Mozzarella-Salat

Pro Person:
1 Fleischtomate
50 g Mozzarella
Basilikum
Olivenöl
Balsamicoessig
Salz, Pfeffer aus der Mühle

◆ Tomaten und Mozzarella in Scheiben schneiden, die Tomaten dicker als den Mozzarella.
◆ Dachziegelartig abwechslungsweise auf Tellern anrichten.
◆ Mit Salz, Pfeffer und fein geschnittenem Basilikum bestreuen.
◆ Öl und Balsamicoessig darüber träufeln.

Mein Heimweh-Tomatensalat

Sonnengereifte Fleischtomaten in grobe Stücke schneiden, süsse Zwiebeln aus Lézignan (ersatzweise Gemüsezwiebeln) in Schnitzen dazuschneiden. Eine grüne Peperoni (Paprika) entkernen und in mundgerechte Stücke gebrochen dazugeben. Eine Hand voll schwarze Oliven darüber streuen. Salzen, pfeffern, Olivenöl und Schalottenessig darüber giessen. Kurz vor dem Auftragen mischen und mit reichlich Persillade (siehe Seite 13) bestreuen.

Tomatensalat – der einfachste und beste

Vollreife, sonnenwarme Fleischtomaten in dicke Scheiben schneiden, auf einem Teller anrichten, salzen und mit Olivenöl beträufeln. Frischen Basilikum in Streifen schneiden und darüber streuen, 15 Minuten stehen lassen und dann geniessen.

Heimweh-Tomatensalat

Tomatenschnitten

Für 1 Portion

2 Scheiben Brot
1 Zwiebel
einige dünne Scheiben Greyerzer
1 Tomate
1 Ei
Salz, Pfeffer aus der Mühle

◆ Die Brotscheiben in Butter leicht rösten, aus der Pfanne nehmen.
◆ Die Zwiebel in feine Scheiben schneiden, in derselben Butter hellbraun rösten und auf die Brotscheiben verteilen.
◆ Mit Käse belegen.
◆ Die Tomate in Scheiben schneiden und in wenig Öl beidseitig kurz andämpfen, mit etwas Salz und Pfeffer würzen und auf den Brotschnitten verteilen.
◆ Das Ei als Spiegelei braten und darauf anrichten.

Rühreitoast mit gedämpften Tomatenwürfeln

4 Tomaten
20 g Butter
8 Scheiben Toastbrot (oder dünne Schwarzbrotscheiben)
2 Eier
Schnittlauch
Salz, Pfeffer aus der Mühle

◆ Die Tomaten häuten, entkernen und fein hacken.
◆ In wenig Butter weich dämpfen.
◆ Die Brotscheiben toasten oder trocken rösten.
◆ Die Eier gut verquirlen, würzen, in eine heisse Bratpfanne geben und mit einer Holzkelle verrühren, bis das Ei gestockt, aber noch nicht trocken ist.
◆ Das Rührei auf die Brotscheiben verteilen, die Tomatenwürfel darüber geben und mit fein geschnittenem Schnittlauch bestreuen.

Tomaten-Schinken-Omelette

20 g Butter
4 Tomaten
100 g gekochter Schinken
4 Eier
Petersilie
einige schwarze Oliven
Salz, Pfeffer aus der Mühle

◆ Die Butter in einer grossen, flachen Pfanne schmelzen.
◆ Die Tomaten in Scheiben schneiden und 5 Minuten in der Butter weich dämpfen, würzen.
◆ Den Schinken in Streifen schneiden und über die Tomaten verteilen.
◆ Die Petersilie hacken. Die Eier mit Salz, Pfeffer und Petersilie gut verrühren, über die Tomaten giessen und bei kleiner Hitze stocken lassen.
◆ Auf eine runde Platte stürzen und mit schwarzen Oliven garniert servieren.

Cherrytomaten, bereit zum Trocknen

Rustikales Tomatenbrot

Für 1 Person

1 Scheibe Schwarzbrot
Butter
1 Tomate
1 hart gekochtes Ei
Schnittlauch
Salz

◆ Die Brotscheibe mit Butter bestreichen.
◆ Die Tomate und das Ei in dünne Scheiben schneiden und das Brot zuerst mit der Tomate, dann mit dem Ei belegen. Salzen und mit fein geschnittenem Schnittlauch bestreuen.

Tomaten mit Eifüllung

8 mittelgrosse Tomaten
1 Bund Petersilie
2 Knoblauchzehen
wenig Olivenöl
8 Eier
50 g Parmesan oder Sbrinz, gerieben
4 EL Paniermehl
2 EL Butter, flüssig

◆ Die Tomaten häuten, aushöhlen, salzen und in eine gebutterte Gratinform stellen.
◆ Petersilie und Knoblauch fein hacken, in die Tomaten verteilen und mit Öl beträufeln.
◆ In jede Tomate ein rohes Ei geben, mit geriebenem Käse und Paniermehl bestreuen und die flüssige Butter darüber verteilen.
◆ Im auf 220 Grad vorgeheizten Ofen 20 Minuten backen.

Gefüllte Tomaten mit Ei und Schinken

4 grosse Fleischtomaten
1 EL Olivenöl
1 Bund Schnittlauch
150 g Schinkenwürfelchen
3 Eier
wenig Milch
Salz, Pfeffer aus der Mühle

◆ Von den Tomaten einen Deckel wegschneiden, die Tomaten aushöhlen, etwas Salz und Olivenöl hineingeben.
◆ Den Schnittlauch fein schneiden und mit allen restlichen Zutaten gut vermischen. Die Tomaten damit füllen, in eine gebutterte Form stellen und die Deckel wieder aufsetzen.
◆ Im auf 200 Grad vorgeheizten Ofen 45 Minuten backen.

Mit Schwarzbrot und Salat servieren.

Tomaten Bella Vista

1 kg kleine, feste Tomaten
2 Knoblauchzehen
1 Bund Petersilie
1 Bund Basilikum
Olivenöl
Salz, Pfeffer aus der Mühle

◆ Die Tomaten häuten, in eine Terrine legen.
◆ Knoblauch und Kräuter fein hacken und darüber verteilen. Mit reichlich Olivenöl bedecken und 4 Stunden ziehen lassen.
◆ Mit Salz und Pfeffer würzen – und geniessen!

Dazu gehört ein frisches Baguette-Brot.

Tourin

8 grosse, reife Fleischtomaten
2 grosse Zwiebeln
4 Knoblauchzehen
4 Eier
3–4 EL Rotwein
1 EL Tomatenpüree
Salz, Pfeffer aus der Mühle
Olivenöl

◆ Die Tomaten in grosse Schnitze schneiden, Zwiebeln und Knoblauch fein schneiden, die Eier mit dem Wein, dem Tomatenpüree und den Gewürzen gut verquirlen.
◆ Olivenöl erhitzen, Zwiebeln und Knoblauch andünsten, die Tomaten dazugeben, würzen und 5 Minuten zugedeckt weich dämpfen, den Deckel abheben und den Gemüsesaft etwas einkochen lassen.
◆ Die Eimasse darüber giessen, stocken lassen, umrühren und fertig! Zusammen mit einem knusprigen Baguette sofort servieren.

Spanische Tortilla

2 grosse Tomaten
2 Zwiebeln
4 Kartoffeln, in der Schale gekocht
2 grüne Peperoni (Paprika)
6 Eier
100 ml Milch
4 EL Olivenöl
einige schwarze Oliven
Salz, Pfeffer aus der Mühle

◆ Die Tomaten halbieren, die Zwiebeln in Ringe schneiden, die Kartoffeln schälen und in Würfel schneiden, die Peperoni halbieren, entkernen und in Streifen schneiden.
◆ Eier und Milch zusammen verrühren und würzen.
◆ Die Zwiebeln im Öl scharf anbraten, herausnehmen, warm stellen.
◆ Im selben Öl die Tomaten mit der Schnittfläche nach unten kurz anbraten, herausnehmen und ebenfalls warm stellen.
◆ Nochmals etwas Öl nachgeben und darin die Kartoffeln und die Peperoni braten, bis die Kartoffeln goldgelb und die Peperoni etwas weich sind, würzen.
◆ Die Eimasse darüber giessen und, sobald sie zu stocken beginnt, zudecken und ein paar Minuten braten, aber nicht austrocknen lassen.
◆ Die Tortilla auf eine vorgewärmte Platte stürzen und mit den Zwiebeln, den Tomaten und den Oliven garnieren.

Spanische Tortilla mit frischer Tomatensauce

1 kg Kartoffeln
1 grosse Zwiebel
4 Eier
150 ml Milch
1 1/2 TL Salz
1 TL Chilipulver
4 EL Olivenöl

◆ Die Kartoffeln schälen, in 2–3 mm dicke Scheiben schneiden. Die Zwiebel fein hacken. Die Eier zusammen mit der Milch und den Gewürzen verquirlen.
◆ Die Kartoffeln in 2 EL Olivenöl andünsten, salzen und zugedeckt 10 Minuten knapp gar dämpfen, dabei ein paar Mal wenden.
◆ Die gehackte Zwiebel darüber streuen und alles 5 Minuten weiterbraten.
◆ Die Eimasse darüber giessen und stocken lassen. Das restliche Öl beigeben und die Tortilla wenden.
◆ Dazu separat eine frische Tomatensauce (Rezept Seite 70) reichen.

5
4
2
1
3

Gefüllte Tomaten mit Tintenfisch

4 Tomaten
1 Zweig Thymian
1 Lorbeerblatt
Olivenöl
400 g Tintenfisch (evtl. tiefgekühlt)
1/2 rote und grüne Peperoni (Paprika)
1 Knoblauchzehe
1 Prise Chilipulver
Salz, Pfeffer aus der Mühle

◆ Von den Tomaten einen Deckel wegschneiden, die Tomaten aushöhlen und innen würzen. Wenig Thymian und ein Stücklein Lorbeerblatt in jede Tomate geben und mit Öl beträufeln.
◆ Die Tomaten in eine tiefe Form stellen und bei kleiner Hitze 20–30 Minuten garen.
◆ Den Tintenfisch waschen und in feine Streifen schneiden, trockentupfen.
◆ Die Peperoni in ganz kleine Würfelchen schneiden, den Knoblauch fein hacken.
◆ Etwas Öl erhitzen, die Tintenfischstreifen bei starker Hitze anrösten, Knoblauch, Peperoni und Chilipulver beigeben, würzen und einige Minuten köcheln lassen. Die Tomaten mit der Masse füllen und sofort servieren

Fischgratin à l'italienne

4 Kartoffeln
4 Tomaten
2 Zwiebeln
400 g Dorschfilets
Paniermehl
1/2 Tasse Petersilie
Olivenöl
Salz, Pfeffer aus der Mühle

◆ Die Kartoffeln in dünne, die Tomaten in dickere Scheiben, die Zwiebeln in Ringe schneiden.
◆ Eine Gratinform mit Olivenöl ausreiben, dann abwechslungsweise Kartoffeln, Zwiebeln und Dorschfilets einschichten, jede Lage leicht salzen und pfeffern.
◆ Zuletzt die Tomatenscheiben darauf verteilen, würzen, mit Paniermehl und gehackter Petersilie bestreuen und mit Olivenöl beträufeln.
◆ Bei 220 Grad im vorgeheizten Ofen 30–40 Minuten backen.

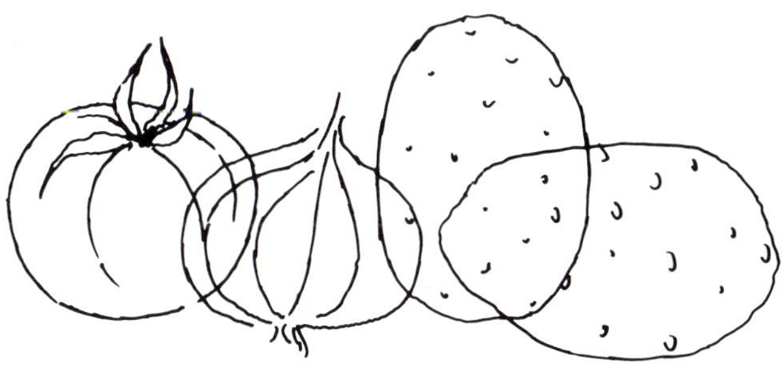

1 Andentomate
2 Marktwunder, Merveille du Marché
3 Super Steak
4 St. Pierre
5 San Marzano

Frischer gebratener Thunfisch mit Tomatendecke

500 g Fleischtomaten
4 Zwiebeln
1 Bund Petersilie
1 Knoblauchzehe
1 kg frischer Thunfisch, in 2–3 cm dicke Scheiben geschnitten
4 dünne Specktranchen
50 g Butter
etwas Öl
1 Bouquet garni
1 Glas süsser Wein (z.B. Muscat)
1 TL Paprika
Salz, Pfeffer aus der Mühle

◆ Die Tomaten häuten, entkernen und vierteln, Zwiebeln und Petersilie fein hacken, den Knoblauch schälen.
◆ Die Thunfischscheiben häuten, abspülen, trocknen, salzen und pfeffern. Um jede Thunfischscheibe eine Specktranche legen (sie ersetzt die Haut) und mit Küchenschnur festbinden.
◆ In der heissen Butter die Zwiebeln glasig dünsten, herausnehmen.
◆ In derselben Pfanne etwas Öl erhitzen, die Thunfischtranchen auf beiden Seiten jeweils 2–3 Minuten braten. Zwiebeln, Knoblauch und Bouquet garni dazugeben, etwas anziehen lassen und dann mit dem Wein ablöschen. Die Tomaten dazulegen. Würzen.
◆ Ohne Deckel 20 Minuten leicht köcheln lassen, nach 10 Minuten den Fisch wenden.
◆ Die Fischtranchen anrichten und mit der Sauce überziehen.

Dorsch im Tomatenbett

4 Tomaten
1 Zwiebel
1 Bund Petersilie
1 Bund Basilikum
1 Zweig Thymian
4 Blätter Salbei
800 g Dorsch- oder Rotzungenfilets oder anderer festfleischiger Fisch
Olivenöl
100 ml Rotwein
100 ml Gemüsebouillon
Petersilie oder Basilikum als Garnitur
Salz, Pfeffer aus der Mühle

◆ Die Tomaten häuten und fein würfeln, die Zwiebel und die Kräuter fein hacken.
◆ Die Fischfilets waschen, trockentupfen und in Stücke schneiden.
◆ Die Zwiebel in Öl glasig dünsten, Tomaten und Kräuter zugeben und 10 Minuten köcheln lassen.
◆ Mit Wein und Bouillon aufgiessen und weitere 50 Minuten köcheln lassen, abschmecken.
◆ Den Fisch zugeben und bei kleiner Hitze garen.
◆ Auf vorgewärmten Tellern wie abgebildet anrichten. Oder einen Ring aus Salzkartoffeln oder Reis bilden. In der Mitte mit Tomatensauce ausgiessen, den Fisch darauf anrichten und mit einem Petersiliensträusschen oder einem Basilikumblatt garnieren.

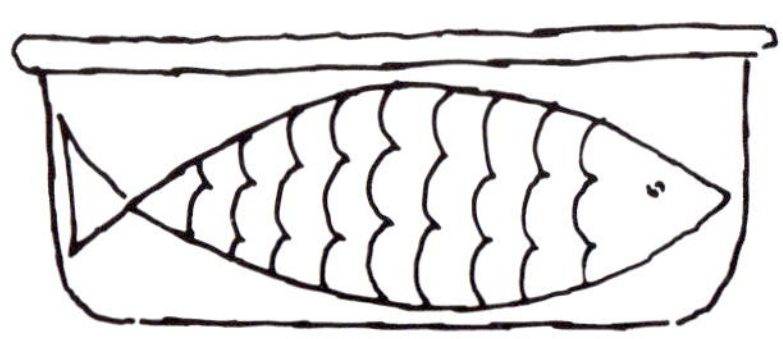

Dorsch im Tomatenbett

Fisch à la provençale

1 kg Fischfilets (Dorsch, Kabeljau)
1 Zitrone, Saft
8 Fleischtomaten
150 ml Weisswein
4 Knoblauchzehen
3 EL Petersilie, gehackt
1 EL Dill
3 Prisen Zucker
2 EL Olivenöl
3–4 EL Paniermehl
Salz, Pfeffer aus der Mühle

◆ Den Fisch waschen, trocknen und in Stücke schneiden. Würzen, mit Zitronensaft beträufeln und etwas ziehen lassen.
◆ Die Tomaten in grobe Stücke schneiden und zusammen mit dem Wein, dem gepressten Knoblauch und den Kräutern in eine Pfanne geben, mit Salz, Pfeffer und Zucker würzen und 20 Minuten schmoren lassen. Dann durchpassieren.
◆ Die Fischstücke in eine eingeölte Gratinform legen, mit dem Olivenöl beträufeln und die passierte Tomatensauce darüber verteilen.
◆ Zugedeckt im auf 200 Grad vorgeheizten Ofen 30 Minuten schmoren lassen. Dann den Deckel entfernen, das Paniermehl und nochmals wenig Öl darüber geben und weitere 10 Minuten bei 250 Grad Oberhitze überbacken.

Fisch-Tomaten-Gratin an grüner Sauce

5 Tomaten
Butter für die Form
1 Zwiebel
1 grüne Peperoni (Paprika)
2 EL Kapern
500 g Goldbutt- oder Flunderfilets
1/2 Zitrone, Saft
Salz, Pfeffer aus der Mühle, Muskatnuss

Sauce:
1 Portion Béchamelsauce (Rezept Seite 51)
1–2 EL frischer oder 1 TL getrockneter Dill
wenig Rahm
Muskatnuss

◆ Die Tomaten häuten, in 1/2 cm dicke Scheiben schneiden und in eine gebutterte Form legen.
◆ Zwiebel und Peperoni sehr fein hacken und zusammen mit den Gewürzen und den Kapern über die Tomaten streuen.
◆ Die Fischfilets zur Hälfte zusammenschlagen und darauf legen, mit Zitronensaft beträufeln und würzen.
◆ Mit gebutterter Alufolie bedecken und etwa 15 Minuten im auf 220 Grad vorgeheizten Ofen pochieren.
◆ Die Béchamelsauce zubereiten, Dill, Rahm und Muskatnuss beifügen, kurz aufkochen und vor dem Servieren über den Fisch geben oder separat dazu servieren.

Austernspiesse mit Tomatenfondue

Für 6 Personen

3 Tomaten
6 Schalotten
3 Zweige Estragon
2 EL Olivenöl
36 frische Austern
3 Eier
6 EL Paniermehl
Öl und Butter

Sauce:
3 EL Wasser
150 g Butter
1 1/2 Zitronen, Saft
Salz, Pfeffer aus der Mühle

◆ Die Tomaten häuten, halbieren, ausdrücken und fein schneiden. Die Schalotten und den Estragon fein schneiden.
◆ Das Öl erhitzen, die Schalotten andünsten, die Tomaten und den Estragon dazugeben.
◆ Die Austern öffnen, das Austernfleisch aus der Schale heben, trockentupfen und jeweils 2 Austern auf einen Holzspiess stecken.
◆ Die Eier aufschlagen, die Spiesse im Ei und anschliessend im Paniermehl wenden.
◆ Öl und Butter heiss werden lassen und die Austernspiesse darin 3–4 Minuten auf beiden Seiten braten.
◆ Für die Sauce das Wasser erhitzen und die Butter in nussgrossen Stücken mit dem Schwingbesen darunter ziehen. Das Wasser darf nicht kochen!
◆ Den Zitronensaft beigeben und würzen.
◆ Das Tomatenfondue auf die Teller geben, die Spiesse darauf legen, die Sauce um die Tomaten giessen und sofort servieren.

Tomatenkompott mit Safran und frischen Sardinen

8 Tomaten
1 Zwiebel
1 Knoblauchzehe
8–12 frische Sardinen (ca. 2–3 Stück pro Person)
Olivenöl
1 Bouquet garni
1 TL Puderzucker
1 Msp. Safran
4–8 Zweiglein italienische Petersilie
Salz, Pfeffer aus der Mühle

◆ Die Tomaten häuten, entkernen und fein würfeln, die Zwiebel fein hacken, den Knoblauch zerquetschen und schälen.
◆ Die Sardinen waschen, ausnehmen und filetieren.
◆ Die Zwiebel in etwas Olivenöl glasig dünsten, Tomaten, Bouquet garni, Knoblauch, Puderzucker und Safran beigeben, würzen und auf kleiner Hitze 20 Minuten köcheln lassen, dabei immer wieder umrühren.
◆ Die Sardinen in Öl kurz und heiss auf beiden Seiten braten, würzen.
◆ Die Petersilienzweige in heissem Olivenöl kurz rösten.
◆ Das Tomatenkompott auf die vorgewärmten Teller verteilen, die Sardinenfilets darauf legen und mit der Petersilie garnieren.

Gefüllte Tomaten à l'ancienne

Für 6 Personen

800 g mageres Rindfleisch
1 Bouquet garni
6 grosse Fleischtomaten
1 Zwiebel
1 Schalotte
4 EL Olivenöl
1 Bund italienische Petersilie
2 Zweige Thymian
1 Zweiglein Rosmarin
1 Ei
Salz, Pfeffer aus der Mühle

◆ Das Rindfleisch in Würfel schneiden, in einen Topf geben, mit kaltem Wasser bedecken, aufkochen, abschäumen, salzen und pfeffern. Das Bouquet garni dazugeben und das Fleisch 1 1/2 Stunden bei kleiner Hitze köcheln lassen.

◆ Von den Tomaten einen Deckel wegschneiden und die Tomaten aushöhlen. Innen etwas salzen und mit der Öffnung nach unten auf Küchenpapier stellen.

◆ Zwiebel und Schalotte fein schneiden, in 1 EL Öl anziehen lassen.

◆ Das Fleisch in ein Sieb abschütten und abtropfen lassen; den Sud auffangen. Das Fleisch ebenso wie die Kräuter hacken.

◆ Das Ei, die gedünstete Zwiebel und Schalotte und das restliche Olivenöl dazugeben, gut mischen und eventuell noch nachwürzen.

◆ Die Tomaten mit der Fleischmasse füllen, in eine gebutterte Form stellen, die Deckel wieder aufsetzen und den passierten Sud dazugiessen. Im auf 180 Grad vorgeheizten Ofen 1 Stunde backen und sofort servieren.

Gefüllte Tomaten serbische Art

1 kg möglichst gleich grosse Tomaten
2 Zwiebeln
1 EL Öl
500 g gehacktes Rinds-, Kalb- oder Schweinefleisch
1 Bund Petersilie
1 Hand voll Reis
1 Ei
1 EL Butter
1 EL Mehl
Paprikapulver
1 Becher Sauerrahm (180 ml)
wenig Milch
Salz, Pfeffer aus der Mühle

◆ Von den Tomaten einen Deckel wegschneiden, die Tomaten aushöhlen (das ausgelöste Fruchtfleisch auffangen und beiseite stellen), salzen, innen mit etwas Öl ausstreichen und in eine gebutterte Auflaufform stellen.

◆ Die Zwiebeln fein hacken, in wenig Öl glasig dünsten, das Fleisch, die gehackte Petersilie und den Reis mitdünsten, mit Salz und Pfeffer würzen und erkalten lassen. Das Ei darunter mischen.

◆ Die Tomaten mit der Masse füllen, je eine Butterflocke darauf geben und die Deckel wieder aufsetzen.

◆ Das ausgelöste Tomatenfleisch aufkochen und durch ein Sieb passieren.

◆ Die Butter schmelzen, das Mehl beifügen und glatt rühren, mit dem Tomatenjus aufgiessen und mit Paprikapulver würzen. Über die Tomaten giessen. Diese sollten bis zum Rand in Flüssigkeit stehen, falls nötig noch mit Wasser auffüllen.

◆ Die gefüllten Tomaten im auf 220 Grad vorgeheizten Ofen etwa 40 Minuten garen. Vor dem Servieren den Sauerrahm mit wenig Milch verrühren und über die Tomaten verteilen.

Sommergemüseauflauf mit Hackfleisch

5 reife Tomaten
200 g Mozzarella
1 grosse Zwiebel
3 Zucchini
2 EL Olivenöl
700 g Hackfleisch gemischt
2 EL Tomatenpüree
1 EL getrockneter Thymian
2 Eier
180 ml Vollrahm
1 Bund Basilikum
Salz, Pfeffer aus der Mühle
Butter für die Form

◆ Tomaten und Mozzarella in dicke Scheiben, die Zwiebel fein schneiden, die Zucchini grob raspeln.
◆ Die Zwiebel im heissen Öl anziehen lassen, das Hackfleisch dazugeben und bei grosser Hitze gut durchbraten. Das Tomatenpüree, Zucchini und Thymian zugeben und würzen.
◆ Eier und Rahm zusammen verquirlen.
◆ Eine grosse Backform ausbuttern, die Hackfleischmasse hineinfüllen, glatt streichen und die Rahmmischung darüber giessen. Die Tomaten ziegelartig darauf schichten und die Mozzarellascheiben darüber verteilen.
◆ In der Mitte des auf 200 Grad vorgeheizten Backofens 35 Minuten backen.

Rindsgulasch Andalusien

2 kg Fleischtomaten
1 kg Rindfleisch
1 kg Zwiebeln
6 Knoblauchzehen
5 Peperoni (Paprika)
1 EL Olivenöl
100 ml Rotwein
Salz, Pfeffer aus der Mühle, Paprika, Kümmel

◆ Die Tomaten fein würfeln.
◆ Das Fleisch in mundgerechte Stücke schneiden. In einer Bratpfanne in wenig Fett bei hoher Hitze rundherum anbraten, herausnehmen.
◆ Zwiebeln und Knoblauch fein hacken, die Peperoni entkernen und in feine Streifen schneiden.
◆ Im Olivenöl Zwiebeln und Knoblauch andünsten, dann Peperoni und Tomaten beigeben, würzen und mit dem Rotwein ablöschen. Das Fleisch wiederum beigeben und 2 Stunden weich schmoren, dabei öfter umrühren.

Als Beilagen passen Reis, breite Nudeln, Polenta oder Kartoffelpüree.

Poulet mit Peperonata

1 Poulet
500 g Zwiebeln
500 g grüne Peperoni (Paprika)
1,2 kg Fleischtomaten
wenig Fett von Rohschinken
5 Knoblauchzehen
1 Prise Zucker
2 Prise Chilipulver
1 EL Butter
1 EL Öl
1 Bouquet garni
Salz, Pfeffer aus der Mühle

◆ Das Poulet in gleich grosse Teile zerlegen.
◆ Die Zwiebeln fein hacken, die Peperoni entkernen und längs in 8 Schnitze schneiden, die Tomaten häuten, entkernen und grob schneiden.
◆ Das Rohschinkenfett klein schneiden und in einer grossen Pfanne auslassen.
◆ Die Zwiebeln darin glasig dünsten, die Peperoni dazugeben und etwas weich dünsten, dann die Tomaten beifügen und den Knoblauch dazupressen, mit Salz, Pfeffer und Zucker würzen. Unter Rühren einkochen lassen, dann das Chilipulver dazugeben.
◆ In einem Schmortopf Butter und Öl erhitzen, die Pouletstücke rundherum anbraten und 15 Minuten zugedeckt auf kleinem Feuer schmoren lassen.
◆ Die Peperonata über das Fleisch geben, zudecken und weitere 10 Minuten köcheln lassen. Sehr heiss servieren.

Djuvec

Sommereintopf auf serbische Art

500 g Zwiebeln
4–5 Peperoni (Paprika)
2 junge Kohlrabi (geschnitten 2 Tassen)
200 g Weisskohl (geschnitten 1 Tasse)
1 Aubergine (geschnitten 1 Tasse)
500 g Kürbisfleisch (geschnitten 3 Tassen)
1 Hand voll junge grüne Bohnen (1 Tasse)
1 Bund Petersilie
1 Bund Selleriekraut
1 Tasse Öl

1 kg Lamm- oder Schweinefleisch
1 kg Tomaten
1 Tasse Reis
evtl. 2–3 EL Öl
2 Tomaten
1 kleine fein gehackte Peperoncini, nach Belieben
Salz, Pfeffer aus der Mühle

◆ Die Zwiebeln in Ringe, Peperoni, Kohlrabi und Weisskohl in feine Streifen, die Aubergine und das Kürbisfleisch in kleine Würfel schneiden, die Bohnen ganz lassen.
◆ Die Kräuter fein hacken, mit dem Gemüse in ein tiefes Gefäss geben, salzen und pfeffern und mit dem Öl übergiessen. Etwas ziehen lassen.
◆ Das Fleisch in Würfel schneiden. Die Tomaten in Scheiben schneiden.
◆ In eine gefettete Gusseisenform (mit Deckel) lagenweise Tomaten, Gemüsemischung, Fleisch, Tomaten, Reis, Gemüsemischung und wiederum Tomaten schichten. Falls das Feisch sehr mager ist, 2–3 EL Öl darüber verteilen. Ein Glas Wasser darüber giessen, die Form fest verschliessen und den Auflauf im auf 180 Grad vorgeheizten Ofen 4–5 Stunden weich garen. Die restlichen zwei Tomaten klein schneiden und nach 2 Stunden darüber verteilen.
◆ Den Auflauf in der Backform servieren.

Tipp:
Als vegetarische Variante kann man anstelle des Fleischs eine zusätzliche Tasse Reis dazugeben.

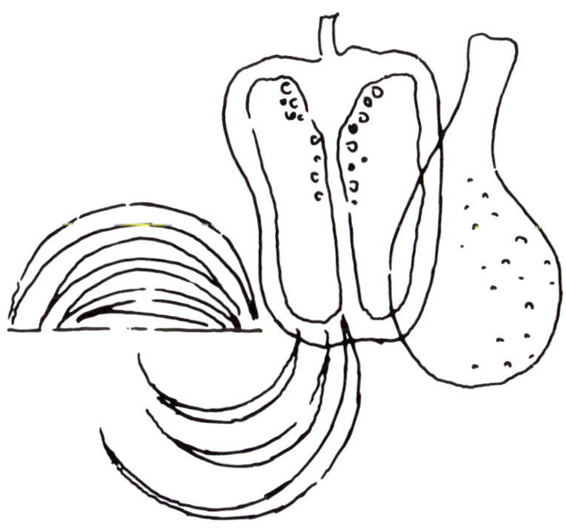

Tomatenhähnchen

1 ganzes Poulet oder Pouletteile nach Belieben
1 kg Tomaten
1 Peperoni (Paprika)
2 Zwiebeln
1 Bund Selleriekraut
1 EL Butter
2 EL Mehl

◆ Das Poulet in wenig kaltem Wasser aufsetzen, salzen und weich garen.
◆ Tomaten, Peperoni, Zwiebeln und Sellerieblätter klein schneiden, alles zusammen in wenig gesalzenem Wasser weich kochen und pürieren. Erkalten lassen.
◆ Die Butter schmelzen, das Mehl dazugeben und gut verrühren, mit dem erkalteten Püree aufgiessen, dabei ständig gut rühren!
◆ Den Pouletkochsud dazugiessen und aufkochen. Das Poulet dazugeben und eine 1/2 Stunde ziehen lassen. Nicht mehr kochen!

Kaninchen Ischia

4 Tomaten
Rosmarin, Basilikum
1 Kaninchen, in Stücke zerlegt
4 EL Olivenöl
100 ml Weisswein
Salz, Pfeffer aus der Mühle

◆ Die Tomaten häuten und in kleine Stücke schneiden, die Kräuter fein hacken.
◆ Die Kaninchenteile bei grosser Hitze rundherum anbraten, würzen. Tomaten und Kräuter dazugeben und mitbraten. Mit dem Wein ablöschen und diesen einkochen lassen. So viel Wasser zugiessen, dass die Kaninchenstücke zu einem Viertel in Flüssigkeit sind, zudecken und 1–1 1/2 Stunden schmoren.
◆ Dieses Ragout serviert man nach Belieben zu Kartoffelpüree, Polenta oder Reis.

Chili con Carne

1 Tasse rote Kidneybohnen
1 Tasse Soissonbohnen
6 grosse Tomaten
3 grosse Zwiebeln
3 Knoblauchzehen
1 rote Peperoni (Paprika)
1 Chilischote
400 g Rinderhackfleisch
1 EL Erdnussöl
1 EL Paprikapulver
Chilipulver
1/2 l Wasser
1 Schuss Rotwein
Salz, Pfeffer aus der Mühle

◆ Die Bohnen über Nacht einweichen (oder Dosenbohnen verwenden).
◆ Die Tomaten häuten und in Würfel schneiden, die Peperoni entkernen und in dünne Streifen schneiden, die Chili halbieren, entkernen und fein schneiden. Zwiebel und Knoblauch fein hacken.
◆ Das Fleisch im heissen Öl scharf anbraten, Zwiebel und Knoblauch beifügen und mitbraten. Tomaten, Bohnen (Dosenbohnen erst am Schluss zufügen), Peperoni und Chili beifügen und mitdünsten, mit Salz, Pfeffer, Paprika und Chilipulver würzen. Mit etwas Wasser ablöschen und dieses einkochen lassen, einen Schuss Rotwein dazugiessen und dann mit dem restlichen Wasser auffüllen, abschmecken.
◆ Zugedeckt etwa 1 Stunde köcheln lassen, nochmals abschmecken. Mit knusprigem Weissbrot oder Salzkartoffeln servieren.

Einfaches Tomatengemüse

8 mittlere Tomaten
1 grosse Zwiebel
2 Knoblauchzehen
4 EL Olivenöl
4 Eier
Salz, Pfeffer aus der Mühle

◆ Die Tomaten entkernen und in grosse Würfel schneiden.
◆ Die Zwiebel in Streifen schneiden, den Knoblauch fein hacken und beides im Olivenöl glasig dünsten.
◆ Die Tomatenwürfel dazugeben, würzen und 10 Minuten zugedeckt köcheln lassen.
◆ Den Deckel abheben, umrühren und die Eier vorsichtig auf dem Tomatengemüse platzieren (wie für Spiegeleier), würzen, wieder zudecken und 4–5 Minuten garen lassen, bis das Eiweiss weiss ist.
◆ In der Pfanne servieren, vorsichtig schöpfen.

Variante:
Anstelle der Eier dünne Käsescheiben auf dem Gemüse verteilen und zudecken, bis der Käse geschmolzen ist.

Tomaten im Grünen

750 g Spinat, tiefgekühlt oder frisch
8 reife Tomaten
3 EL geriebener Parmesan oder Sbrinz
50 g Butter
Salz, Pfeffer aus der Mühle

◆ Frischen Spinat verlesen, blanchieren, bis er zusammengefallen ist, abgiessen und abtropfen lassen.
◆ Den Spinat in eine gebutterte Backform geben.
◆ Die Tomaten häuten und auf den Spinat setzen.
◆ Alles gut würzen und mit dem geriebenen Käse bestreuen.
◆ Die Butter schmelzen und darüber träufeln.
◆ Im auf 200 Grad vorgeheizten Ofen 30 Minuten backen.

Passt prima zu einem knusprig gebratenen Kotelett, zu Entrecote, Kalbsschnitzelchen oder Hacksteak!

Schneller Tomatengratin

8 Tomaten
1 grosse Zwiebel
2 Knoblauchzehen
1 Bund Petersilie
Butter
Salz, evtl. Paprika

◆ Die Tomaten halbieren und in eine gebutterte Auflaufform stellen, würzen.
◆ Zwiebel, Knoblauch und Petersilie fein hacken und auf die Tomaten verteilen.
◆ Je eine Butterflocke darauf setzen und die Tomaten im vorgeheizten Ofen bei 200 Grad 30 Minuten backen.

Passt sehr gut als Grillbeilage.

Gourmet-Tomaten

12 kleine feste Tomaten
150 g Schinkenwürfelchen
20 g Butter
1 grosse Zwiebel
1 EL Oregano
Salz, Pfeffer aus der Mühle

◆ Die Tomaten häuten.
◆ Die Schinkenwürfelchen in der Butter andünsten.
◆ Die Zwiebel in Ringe schneiden, darauf verteilen und bei kleiner Hitze mitdünsten.
◆ Sobald die Zwiebelringe glasig sind, die geschälten Tomaten darauf setzen, würzen und etwa 15 Minuten dämpfen.

Tomatenpudding

4 grosse, sehr reife Fleischtomaten (ca. 800 g)
2 EL Olivenöl
2 rote Peperoni (Paprika)
2 Eier
3 Eigelb
1 Bund Basilikum
Salz, Pfeffer aus der Mühle

◆ Die Tomaten häuten, halbieren, entkernen und grob zerschneiden.
◆ Das Öl erwärmen, die Tomaten dazugeben und auf kleinem Feuer 20 Minuten köcheln lassen. Öfter umrühren.
◆ Unterdessen die Peperoni im Ofen grillieren, bis sich die Haut dunkel verfärbt und Blasen bildet. 10–15 Minuten liegen lassen, die Haut abziehen, die Samenkerne entfernen und die Früchte grob zerkleinern.
◆ Die Tomaten und Peperoni mit dem Pürierstab pürieren. In einer Schüssel zusammen mit den Eiern und den Eigelben gut verklopfen. Das Basilikum fein schneiden und dazugeben, würzen.
◆ Eine Backform leicht einölen, die Masse einfüllen und im auf 220 Grad vorgeheizten Ofen 25–30 Minuten backen, bis der Pudding fest ist. Lauwarm oder kalt servieren.

Der Tomatenpudding kann zusammen mit einem Salat als leichte Mahlzeit oder aber als Beilage zu Fisch oder grilliertem Fleisch genossen werden.

Gemüselasagne

200 g Lasagneteigblätter
2 mittlere Auberginen
Olivenöl
1 1/2 kg reife Fleischtomaten
1 grosse Zwiebel
2 Knoblauchzehen
2 TL frischer Oregano
250 g Mozzarellakäse
25 g geriebener Parmesan oder Sbrinz
Salz, schwarzer Pfeffer aus der Mühle

◆ Die Lasagneteigblätter in reichlich kochendes Salzwasser geben und al dente kochen. Abtropfen lassen und in einer Schüssel mit kaltem Wasser bereithalten.
◆ Die Auberginen vom Stielansatz befreien und längs in 8 mm dicke Scheiben schneiden. Die Scheiben beidseitig salzen, auf einen Teller schichten und beschweren. Nach 30 Minuten ausdrücken und in wenig Olivenöl auf beiden Seiten braten. Auf Küchenpapier legen und beiseite stellen.
◆ Die Tomaten häuten und in Würfel schneiden.
◆ Zwiebel und Knoblauch fein schneiden und in reichlich Olivenöl hellgelb dünsten. Die Tomaten beigeben, mit Salz, Pfeffer und Oregano würzen und 30 Minuten köcheln lassen.
◆ Den Mozzarella in dünne Scheiben schneiden.
◆ Eine grosse Form mit Butter oder Öl ausstreichen. Lagenweise Tomatensauce, Lasagneteigblätter, wiederum Tomatensauce, Auberginenscheiben und Mozzarella einschichten, mit Salz und Pfeffer würzen. So lange wiederholen, bis alles aufgebraucht ist. Mit reichlich Mozzarella bedecken.
◆ Die Lasagne im auf 220 Grad vorgeheizten Backofen auf der zweituntersten Rille 30–40 Minuten backen. Heiss servieren.

Tomaten-Fenchel-Auflauf

Für 6 Personen

6 grosse, reife Tomaten
6 mittlere Fenchelknollen
16 Lasagneteigblätter

Béchamelsauce:
3 EL Butter
3 EL Mehl
1 1/4 l Milch
1 Prise Muskatnuss
Salz, Pfeffer aus der Mühle

1 EL Öl
150 g geriebener Emmentaler
50 g weiche Butter

◆ Die Tomaten und die halbierten Fenchelknollen in 1 cm dicke Scheiben schneiden.
◆ Die Fenchelscheiben in kochendem Salzwasser weich garen, abgiessen.
◆ Die Lasagneteigblätter in reichlich kochendes Salzwasser geben und al dente kochen. Abtropfen lassen und in einer Schüssel mit kaltem Wasser bereithalten.
◆ Für die Béchamelsauce die Butter schmelzen, das Mehl dazugeben und mit dem Schwingbesen verrühren, bis Butter und Mehl schön vermischt sind, die kalte Milch unter stetem Rühren dazugiessen, aufkochen und etwa 10 Minuten köcheln lassen. Dabei immer wieder rühren! Mit Salz, Pfeffer und Muskatnuss würzen.
◆ Eine grosse Form einölen und lagenweise Béchamelsauce, Lasagneteigblätter undGemüse einschichten. Mit geriebenem Emmentaler bestreuen und Butterflocken darauf verteilen.
◆ Den Auflauf im auf 200 Grad vorgeheizten Ofen 30 Minuten goldbraun backen.

Passt sehr gut zu gebratenem Fisch.

Teigwaren-Tomaten-Auflauf

500 g Teigwaren nach Wahl
500 g vollreife Tomaten
1 Zwiebel
2 Knoblauchzehen
Butter zum Andünsten und Ausbuttern der Form
1 Bund Basilikum
1 Bund Petersilie
1 Prise Zucker
100 g Mozzarella oder Gorgonzola
Paniermehl
einige Butterflocken
Salz, Pfeffer aus der Mühle

◆ Die Teigwaren in reichlich kochendem Salzwasser al dente kochen.
◆ Die Tomaten in grobe Stücke schneiden und in einer kleinen Pfanne 10 Minuten köcheln lassen. Beiseite stellen.
◆ Zwiebel und Knoblauch fein schneiden und in Butter nicht zu heiss glasig dünsten, die Pfanne vom Herd nehmen und die Tomaten durch ein Sieb dazudrücken.
◆ Die Kräuter fein hacken und dazugeben, mit Salz, Pfeffer und Zucker würzen.
◆ Die Teigwaren in eine ausgebutterte Form geben, die Tomatensauce darüber giessen.
◆ Den Mozzarella in Scheiben schneiden, darüber verteilen und mit dem Paniermehl bestreuen. Zuletzt ein paar Butterflocken darauf geben.
◆ In der Mitte des auf 200 Grad vorgeheizten Backofens 30 Minuten backen.

Breite Nudeln mit rohen Tomaten

500 g Nudeln
800 g Tomaten
2 Knoblauchzehen
1 Bund Basilikum
4 EL Olivenöl
$^1/_2$ TL Salz
Pfeffer aus der Mühle

◆ Die Nudeln al dente kochen.
◆ Die Tomaten häuten, halbieren, auspressen und fein würfeln.
◆ Die Knoblauchzehen pressen, den Basilikum fein hacken. Alle Zutaten mischen und über die heissen Nudeln geben.

Mit einem gemischten Salat servieren.

Teigwaren mit Kürbis-Kartoffel-Püree

400 g Kürbis
2 grosse Kartoffeln
200 g breite Eiernudeln
1 Portion Tomatensauce (Rezept Seite 70)
50 g Emmentaler, gerieben

◆ Den Kürbis grob würfeln, in leicht gesalzenem Wasser weich kochen und pürieren. Die Kartoffeln schälen, in Salzwasser weich kochen und ebenfalls pürieren. Die beiden Pürees mischen.
◆ Die Eiernudeln al dente kochen und in tiefen Tellern anrichten. Das Kürbis-Kartoffel-Püree und die Tomatensauce darüber geben und mit dem Käse bestreuen.

Dazu einen gemischten Salat servieren.

Satarasch aus Serbien

500 g Tomaten
4 Zwiebeln
4 Peperoni (Paprika)
Öl
1 TL Paprika
2 Eier
Salz, Pfeffer aus der Mühle

◆ Die Tomaten häuten und würfeln, die Zwiebeln fein hacken, die Peperoni entkernen und in Streifen schneiden.
◆ Die Zwiebeln in Öl glasig dünsten, die Peperoni dazugeben und mitdünsten; wenn sie weich sind, die Tomaten dazugeben und mit Salz, Pfeffer und Paprika würzen.
◆ Die Eier mit wenig Salz verquirlen und kurz vor dem Servieren darunter mischen.

Tipp:
Anstelle der Eier kann man auch Wursträdchen darunter mischen.

Tomaten-Bohnen-Topf aus Italien

1 kg frische Cannellinibohnen
4 grosse Tomaten
2 Knoblauchzehen
6 Salbeiblätter
6 EL Olivenöl
Salz, Pfeffer aus der Mühle

◆ Die Bohnen enthülsen und in kochendem Wasser etwa 4 Minuten blanchieren, kalt abspulen und abtropfen lassen.
◆ Die Tomaten entkernen und in kleine Würfel schneiden, den Knoblauch zerquetschen und schälen.
◆ Knoblauch und Salbei im heissen Olivenöl braten, bis der Knoblauch bräunlich wird, die Bohnen beigeben, 2–3 Minuten unter Rühren mitdünsten, dann die Tomaten beifügen und alles 30 Minuten bei schwacher Hitze köcheln lassen.
◆ Vor dem Anrichten den Knoblauch und Salbei entfernen.

Variante:
Das fertige Gericht in eine Backform giessen, mit Mozzarellascheiben belegen und überbacken.

Bohnen mit frischen Tomaten

1 kg Tomaten
1 grosse Zwiebel
2 Knoblauchzehen
1 kg frische Stangen- oder Buschbohnen
Olivenöl
Salz, Pfeffer aus der Mühle

◆ Die Tomaten und die Zwiebel in grobe Würfel schneiden. Den Knoblauch schälen und halbieren. Die Bohnen blanchieren.
◆ In reichlich Öl die Zwiebel und den Knoblauch scharf anbraten, die Pfanne vom Feuer nehmen, die Bohnen hineingeben, die Tomatenwürfel darüber verteilen und würzen. Zudecken und die Pfanne wieder auf die sehr heisse Platte stellen, bis das Gemüse stark bruzzelt, dann die Hitze reduzieren und das Gemüse noch 40 Minuten köcheln lassen.

Bohnen mit getrockneten Tomaten

400 g kleine weisse getrocknete Böhnchen
1 grosse Zwiebel
2 Knoblauchzehen
1 Stange Lauch
1 Stück Sellerie
2–3 Karotten
1 Tasse getrocknete, in Olivenöl eingelegte Tomaten
Salz, Pfeffer aus der Mühle

◆ Die Bohnen über Nacht einweichen.
◆ Zwiebel und Knoblauch fein hacken, das Gemüse fein würfeln.
◆ Die eingelegten Tomaten abgiessen und im Öl von den eingelegten Tomaten Zwiebel und Knoblauch dünsten, die Gemüse beifügen und mitdünsten, die Tomaten und die Bohnen mit wenig Einweichwasser beifügen, würzen und etwa 1 Stunde bei kleiner Hitze köcheln lassen.

Tomatenreis

1 Tasse Risottoreis (z.B. Arborio)
4 grosse Tomaten
1 grosse Zwiebel
4 EL Olivenöl
1 1/2 Tassen Bouillon
50 g Parmesan oder Emmentaler, gerieben

◆ Den Reis waschen und abtropfen lassen.
◆ Die Tomaten häuten, halbieren, entkernen und grob hacken. Die Zwiebel fein hacken.
◆ Das Öl erhitzen, die Zwiebel glasig dünsten, den Reis zugeben und mitdünsten, dann die Tomaten beifügen und umrühren.
◆ Mit der Bouillon aufgiessen und alles 20 Minuten bei kleiner Hitze köcheln lassen, dabei öfter umrühren.
◆ Vor dem Servieren den Käse unterheben.

Gefüllte Tomaten aus dem «Hausschatz» 1917

«Die Tomaten werden gewaschen, halbiert und, die Schnittflächen nach oben, dicht nebeneinander auf ein Blech oder in eine feuerfeste Form rangiert. Auf jede Hälfte wird eine Prise Salz, ein Stäubchen Pfeffer, ein Löffel Brosamen und darauf ein Stückchen frische Butter geleget. Dann werden sie mit etwas Wasser in den heissen Ofen getan und ein- bis zweimal mit dem eigenen Jus übergossen. Nach 15–20 Minuten sein sie gar und werden auf dem Blech serviert.»

Dasselbe lässt sich nach meiner Art in der Bratpfanne zubereiten: Anstelle der Brosamen mische ich fein gehackte Petersilie und fein gehackten Knoblauch. Die Tomaten in etwas heisses Olivenöl stellen, rund 5 Minuten schmoren lassen, vorsichtig wenden und nochmals 5 Minuten garen. Vor dem Servieren wieder umkehren. Passt vorzüglich zu Lammkoteletts oder Grilladen.

Sehr gut zu Kartoffeln, Nudeln, Reis.

Gefüllte Tomaten aus dem «Hausschatz» 1917

Griechische Tomaten

8 grosse Tomaten
$^1/_2$ Tasse Rosinen
50 g Pinienkerne
1 Bund Petersilie
1 grosse Zwiebel
3–4 EL Olivenöl
3 Tassen gekochter Langkornreis
Salz, Pfeffer aus der Mühle

◆ Von den Tomaten einen Deckel wegschneiden und die Tomaten mit einem Teelöffel aushöhlen, innen leicht salzen und in eine mit Olivenöl ausgepinselte Form stellen. Das ausgelöste Tomatenfleisch durch ein Sieb streichen und beiseite stellen.
◆ Die Rosinen 15 Minuten in lauwarmem Wasser einweichen.
◆ Die Pinienkerne ohne Fett langsam rösten, bis sie duften.
◆ Die Petersilie fein hacken.
◆ Die Zwiebel fein hacken und im Olivenöl glasig dünsten, zwei Drittel des durchpassierten Tomatenjus, die Pinienkerne und die Petersilie zugeben und 5 Minuten leicht köcheln lassen, dann den Reis beifügen. Die Masse in die Tomaten füllen, die Deckel wieder aufsetzen und mit Olivenöl beträufeln.
◆ Den restlichen Tomatenjus mit $^1/_2$ Tasse Wasser vermischen, würzen und zwischen die Tomaten in die Form giessen. Im vorgeheizten Ofen bei 180 Grad 35–40 Minuten schmoren.

Freiburger Tomaten

8 Tomaten
1 Zwiebel
1 EL Butter
100 g Vacherin
2 Kartoffeln, in der Schale gekocht, vom Vortag
100 ml Bouillon
1 Bund Schnittlauch
Salz, Pfeffer aus der Mühle

◆ Von den Tomaten einen Deckel wegschneiden, die Tomaten aushöhlen und leicht salzen.
◆ Die Zwiebel fein hacken, in der Butter glasig dünsten und erkalten lassen.
◆ Den Käse und die geschälten Kartoffeln in kleine Würfel schneiden und mit den Zwiebeln mischen, würzen. Die Masse in die Tomaten füllen und diese in eine ausgebutterte Gratinform stellen, die Bouillon dazugiessen.
◆ Im vorgeheizten Ofen bei 200 Grad 15 Minuten überbacken, bis der Käse geschmolzen ist. Vor dem Servieren grosszügig mit fein geschnittenem Schnittlauch bestreuen und zusammen mit Pariserbrot und einem Weisswein aus der Romandie auftischen.

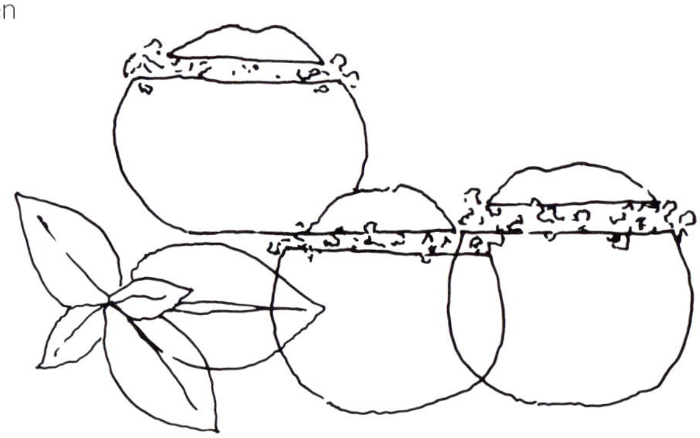

Vegitomaten

4 Fleischtomaten
500 g Blattspinat oder Mangold
1 Zwiebel
1 Knoblauchzehe
2 EL Pinienkerne
100 g Tilsiter oder Freiburger Vacherin
2 EL Butter
1 Ei
100 ml Vollrahm
Salz, Pfeffer aus der Mühle, Muskatnuss

◆ Von den Tomaten einen Deckel wegschneiden, die Tomaten aushöhlen, in eine geölte Form stellen und innen wenig salzen.
◆ Den Spinat oder Mangold kurz in kochendem Salzwasser blanchieren, abtropfen lassen, ausdrücken und grob hacken.
◆ Zwiebel und Knoblauch fein hacken. Die Pinienkerne grob hacken und in einer trockenen Pfanne leicht anrösten. Den Käse reiben.
◆ Zwiebel und Knoblauch in der Butter glasig dünsten, Spinat und Pinienkerne zugeben, würzen. Etwas auskühlen lassen.
◆ Das Ei aufschlagen, mit dem Rahm verrühren, unter die ausgekühlte Spinatmasse mischen und abschmecken. Die Masse in die Tomaten füllen und mit Käse dick bestreuen.
◆ Im vorgeheizten Ofen bei 200 Grad 25 Minuten backen, während den letzten 10 Minuten den Tomatendeckel aufsetzen und mitgaren.

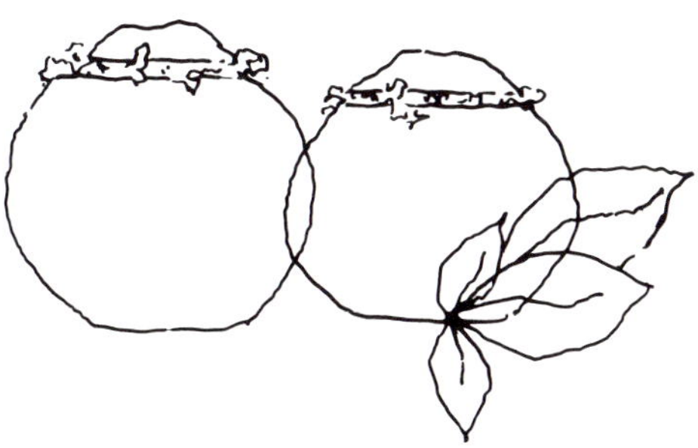

Tomaten mit Schafskäsefüllung

Für 6 Personen

18 Tomaten vom Zweig mit Stiel
1 Zwiebel
1 Zucchini
1 Aubergine
je 1 grüne und rote Peperoni (Paprika)
6 EL Olivenöl
1/4 l Vollrahm
2 Zweige Basilikum
300 g frischer Schafskäse
100 g Butter
Salz, Pfeffer aus der Mühle

◆ Von den Tomaten einen Deckel mit Stiel wegschneiden, die Tomaten aushöhlen und umgekehrt auf Küchenpapier stellen.
◆ Das Gemüse rüsten und fein würfeln.
◆ Das Olivenöl erhitzen und zuerst die Zwiebel, dann das übrige Gemüse weich dünsten, erkalten lassen.
◆ In einer kleinen Pfanne den Rahm zusammen mit dem fein geschnittenen Basilikum und den Gewürzen aufkochen und zur Hälfte einkochen lassen, bis er dickflüssig ist; erkalten lassen.
◆ Den Schafskäse mit einer Gabel zerdrücken und zusammen mit dem Rahm unter das Gemüse mischen, nochmals abschmecken und kühl stellen.
◆ Die Tomaten innen salzen, mit der Gemüse-Käse-Masse füllen und den Deckel aufsetzen. In eine gebutterte Auflaufform stellen, ein wenig Wasser dazugeben und die Tomaten 15 Minuten im auf 180 Grad vorgeheizten Ofen garen. Auf vorgewärmten Tellern anrichten.
◆ Die Garflüssigkeit aufkochen und die eiskalte Butter in Flocken mit dem Schwingbesen darunter schlagen, bis die Sauce sämig und schaumig ist. Die Tomaten mit der Sauce überziehen, servieren.

Tomatenfondue

4 grosse Fleischtomaten
1 grosse Zwiebel
2 Knoblauchzehen
50 g Butter
20 kleine Kartoffeln
400 g Käse, gemischt (Greyerzer, Emmentaler, Vacherin)
1 EL Maisstärke
2 EL Kirsch
1 Bund Basilikum
Salz, schwarzer Pfeffer aus der Mühle

◆ Die Tomaten häuten und würfeln.
◆ Zwiebel und Knoblauch fein schneiden und in der Butter dünsten. Die Tomaten beigeben, würzen und zugedeckt bei kleiner Hitze unter gelegentlichem Umrühren einkochen (ca. 30 Minuten), dann pürieren.
◆ Inzwischen die Kartoffeln in der Schale weich kochen.
◆ Den Käse raspeln, dazugeben und unter fleissigem Umrühren langsam aufkochen.
◆ Die Maisstärke mit dem Kirsch verrühren und beifügen. Das Fondue so lange weiter wärmen, bis es schön bindet. Den Basilikum fein schneiden, beifügen und mit schwarzem Pfeffer abschmecken.
◆ Die Kartoffeln halbieren, auf die Teller verteilen und mit dem Tomatenfondue bedecken.

En Guete!

Tomatenfondue nach Walliser Art

800 g Kartoffeln (vorzugsweise Frühsorten oder Raclettekartoffeln)
1 kg reife Fleischtomaten
300 g Walliserkäse
2 EL Butter
2 EL Mehl
Salz, Pfeffer aus der Mühle

◆ Die Kartoffeln in der Schale kochen.
◆ Die Tomaten grob würfeln, den Käse reiben.
◆ Die Butter im Caquelon oder in einem Brattopf schmelzen, das Mehl dazugeben, kurz mitdünsten (es darf nicht braun werden!), die Tomaten beifügen, würzen und 5 Minuten weich dünsten.
◆ Den Käse beifügen und unter stetem Rühren nochmals aufkochen.
◆ Die Kartoffeln schälen, auf die Teller verteilen und das Tomatenfondue darüber geben.

Das Tomatenfondue passt auch gut zu einem Risotto oder zu Maisklössen.

Tomatenfondue nach Walliser Art

Tomatenpastete

8 mittlere Tomaten
1 grosse Zwiebel
Petersilie, Basilikum
250 g gekochter Schinken
250 g Champignons
250 g Blätterteig
4 EL Olivenöl
3 Eier
2 EL Paniermehl
Salz, Pfeffer aus der Mühle

◆ Die Tomaten entkernen und in Würfel schneiden. Zwiebel, Petersilie und Basilikum fein hacken, den Schinken fein und die Champignons blättrig schneiden.
◆ Den Blätterteig auswallen und mit der Hälfte des Teigs ein Kuchenblech auslegen.
◆ Das Öl erhitzen und darin die Zwiebel glasig dünsten. Die Tomaten dazugeben, würzen und erkalten lassen.
◆ 2 Eier verquirlen und zusammen mit dem Schinken, den Champignons und dem Paniermehl darunter mischen.
◆ Die Masse auf den Teigboden streichen und den Rand mit dem letzten verquirlten Ei bestreichen. Mit der anderen Teighälfte bedecken und die Ränder zusammenpressen. Mit Ei bestreichen und mit ausgestochenen Teigformen verzieren. Im vorgeheizten Ofen bei 180–200 Grad etwa 1 1/2 Stunden backen.

Tomatenquiche

500 g Blätterteig
4 mittlere oder 2 grosse Fleischtomaten
10 Basilikumblätter
3 Eier
5 EL Vollrahm
1 EL Butter
5 EL geriebener Greyerzer
Salz, Pfeffer aus der Mühle

◆ Den Blätterteig auswallen, auf ein Backblech legen und einstechen.
◆ Die Tomaten häuten, entkernen und klein würfeln. Den Basilikum fein schneiden.
◆ Die Eier mit etwas Salz, Pfeffer und dem Basilikum schaumig quirlen, den Rahm und die zerlassene Butter nach und nach beigeben. Die Tomaten darunter mischen.
◆ Die Masse auf dem Teig verteilen, mit dem Käse bestreuen.
◆ Den Backofen auf 200 Grad vorheizen, dann auf 180 Grad reduzieren und die Quiche rund 25 Minuten backen.

Tomaten auf grünem Boden

Teigboden:
je 1 kleines Bund Schnittlauch und Petersilie
120 g Mehl
60 g Butter
1 Ei

Belag:
6 Frühlingszwiebeln
50 g Butter
2 grosse, reife Tomaten
6 kleine, feste Tomaten
2 EL Olivenöl
1 Prise frischer Thymian
Salz, Pfeffer aus der Mühle, 1 Prise Zucker

◆ Die Kräuter fein schneiden.
◆ Das Mehl mit den Kräutern im Mixer mischen, bis es grün ist.
◆ Die Butter mit etwas Salz weich rühren, das Ei dazugeben, dann das grüne Mehl unterheben. Nicht zu stark kneten! Rasch zu einer Kugel formen, in Klarsichtfolie packen und kühl stellen.
◆ Für den Belag die Zwiebeln fein schneiden. Die Butter schmelzen, die Zwiebeln, Salz und Pfeffer beigeben und 20 Minuten bei geringer Hitze sanft glasig dünsten (nicht bräunen). Warm stellen.
◆ Die grossen Tomaten häuten, entkernen, hacken, mit Salz und Pfeffer würzen und durch ein Sieb streichen.
◆ Den Teig rechteckig auswallen und auf ein gebuttertes, bemehltes oder mit Backpapier ausgelegtes Blech legen. Im auf 220 Grad vorgeheizten Backofen 15 Minuten vorbacken. (Der Teigboden darf dabei nicht zu dunkel werden.)
◆ Die kleinen Tomaten in Viertel schneiden.
◆ Die Zwiebelmasse mit dem Tomatenmus mischen und auf den vorgebackenen Teigboden streichen.
◆ Die Tomatenviertel darauf setzen, mit Salz und Zucker bestreuen, mit dem Olivenöl beträufeln und mit dem Thymian bestreuen. Bei starker Oberhitze nochmals 10 Minuten überbacken.

Basler Pizza

250 g Pizzateig
1 kg reife Tomaten
1 grosse Zwiebel
150 g Speckwürfelchen
300 g Rahmtilsiter
2 EL Olivenöl
Salz, Pfeffer aus der Mühle, Oregano

◆ Den Teig nicht zu dünn auswallen.
◆ Die Tomaten in Schnitze, die Zwiebel fein schneiden.
◆ Die Speckwürfelchen glasig dünsten und im ausgelassenen Fett die Zwiebel dämpfen. Auf dem Teigboden verteilen.
◆ Die Tomatenschnitze kreisförmig darauf anordnen. Würzen.
◆ Den Käse in etwa 1/2 cm dicke, lange Stangen schneiden und sternförmig auf die Tomaten legen. Mit dem Olivenöl beträufeln und die Pizza im auf 200 Grad vorgeheizten Ofen 20–25 Minuten backen. Sofort geniessen!

Maiskuchen mit Mozzarella-Tomaten

Für 6 Personen

6 mittelgrosse Tomaten
20 schwarze Oliven
2 Knoblauchzehen
1 Bund Basilikum
150 g Mozzarella
25 g Butter
250 g Polentamaisgriess (Rapid)
1/4 l Milch
1/4 l Rahm
Olivenöl
Salz, Pfeffer aus der Mühle
Basilikumblättchen als Garnitur

◆ Die Tomaten quer halbieren und mit der Schnittfläche nach unten auf Küchenpapier legen.
◆ Die Oliven entsteinen und in Streifchen schneiden. Den Knoblauch klein schneiden.
◆ Den Basilikum fein schneiden. Vom Mozzarella 50 g hacken, den Rest in Scheiben schneiden.
◆ In einer Gusseisenpfanne die Butter schmelzen, den Knoblauch und dann im Sturz den Polentagriess beigeben, über kleiner Hitze mit einer Holzkelle einige Minuten umrühren.
◆ Milch und Rahm zusammen erwärmen und unter ständigem Rühren langsam zum Mais giessen. Oliven, Basilikum und den gehackten Mozzarella beigeben.
◆ Im heissen Olivenöl die Tomatenhälften zuerst auf der Schnittfläche braten, dann wenden. Auf der Polenta anrichten. Auf jede Tomate eine Scheibe Mozzarella geben und kurz vor dem Servieren rasch unter dem heissen Grill (Oberhitze) überbacken. Mit Basilikumblättchen garnieren.

Tomaten-Zucchini-Wähe

250 g Kuchenteig
2 Fleischtomaten
2 kleine Zucchini
2 Eier
1 Becher Sauerrahm (180 g)
50 g Parmesan oder Sbrinz, gerieben
Salz, Pfeffer aus der Mühle

◆ Den Teig auswallen und ein rundes Backblech damit auslegen, einstechen.
◆ Die Zucchini in kleine Würfel schneiden und auf dem Teigboden verteilen.
◆ Die Tomaten halbieren, entkernen und in dicke Scheiben schneiden. Auf die Zucchiniwürfel legen.
◆ Die Eier mit dem Sauerrahm, dem geriebenen Käse, Salz und Pfeffer gut verrühren, über das Gemüse giessen und die Wähe im auf 200 Grad vorgeheizten Ofen 40 Minuten backen. Mit einem grünen Salat servieren.

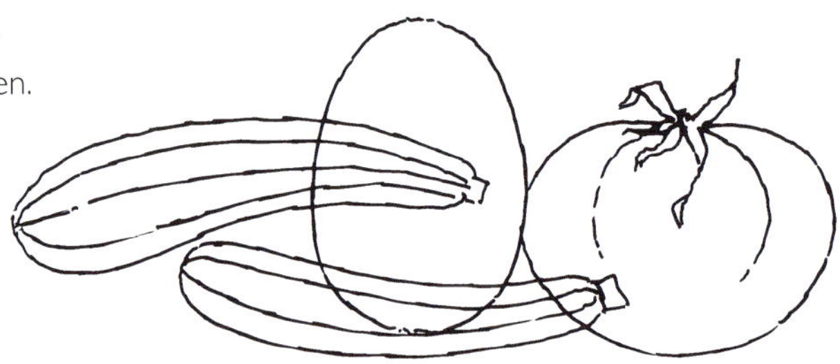

Tomaten-Tatin

Für 6 Personen

250 g Blätterteig
2 kg Tomaten (San Marzano)
1 Bund Basilikum
4 EL Olivenöl
4 EL Pesto, frisch oder Konserve
100 g Couscous
Basilikumblätter als Garnitur
Salz, Pfeffer aus der Mühle

◆ Den Teig auswallen und etwas grösser als die verwendete Gratinform zurechtschneiden.
◆ Die Tomaten der Länge nach halbieren, die Kerne entfernen. Den Basilikum in Streifen schneiden.
◆ Das Olivenöl erhitzen, die Tomatenhälften andämpfen, bis sie zusammenfallen. In eine eingeölte Form schichten, würzen, den Pesto, den Basilikum und zuletzt das Couscous darüber verteilen. Den Teig darüber legen und am inneren Rand der Form etwas nach unten drücken (so dass eine umgekehrte Wähe entsteht); mit einer Gabel einstechen.
◆ Im auf 240 Grad vorgeheizten Ofen 30–40 Minuten backen, nach 10 Minuten die Temperatur auf 180 Grad reduzieren.
◆ Zum Servieren die Tarte auf eine Platte stürzen und mit Basilikumblättern garnieren. Heiss, lauwarm oder auch kalt essen.

Wer Knoblauch mag, röstet etwas gehackten Basilikum und Knoblauch in Olivenöl und streut sie über die Tarte.

Tomatensugo alla Anna

8 Tomaten oder 1 Dose 400 g gehackte Tomaten (Pelati)
1 kleine Zwiebel
1 Knoblauchzehe
10 Rosmarinnadeln
1 Stück Sellerie
1 Karotte
4 EL Olivenöl
2 EL Tomatenpüree
1 Bund Basilikum
Parmesan nach Belieben

◆ Die Tomaten, Zwiebel, Knoblauch und Rosmarin fein hacken. Sellerie und Karotte fein raspeln.
◆ Das Öl erhitzen und darin zuerst die Zwiebel, dann den Knoblauch glasig dünsten, Sellerie und Karotte mitdünsten, das Tomatenpüree beifügen und ebenfalls mitdünsten, bis alles gut vermischt ist.
◆ Die Tomaten und den Rosmarin dazugeben und 30 Minuten bei kleiner Hitze köcheln lassen.
◆ Kurz vor dem Servieren den Basilikum fein schneiden und darunter mischen.
Nach Belieben Parmesan dazu reichen.

Tomatenbuttersauce

800 g Tomaten
2 Knoblauchzehen
150 g Butter
1 Bund Basilikum
Salz, Pfeffer

◆ Tomaten schälen, entkernen und fein würfeln.
◆ Mit dem durchgepressten Knoblauch aufsetzen.
◆ Sobald die Tomaten den Saft austreten lassen, die eiskalte Butter in Würfelchen unter stetigem Schwingen beigeben, würzen, feingeschnittenen Basilikum daruntermischen und sofort servieren.

Annas Tomatensugo mit Fleisch

300–400 g gemischtes Hackfleisch
4 EL Öl

1 Rezeptmenge Tomatensugo mit 3 Zwiebeln

◆ Das Hackfleisch im Öl bei grosser Hitze anbraten, bis es durchgebraten ist.
◆ Einen Tomatensugo wie oben beschrieben zubereiten, das Fleisch dazugeben und alles mindestens 45 Minuten köcheln lassen.

Tomatensauce à la Patronne

1 kg Tomaten
2 Knoblauchzehen
2 EL Olivenöl
1 Zweig Thymian
1/2 TL Zucker
Salz

◆ Die Tomaten grob würfeln, den Knoblauch hacken.
◆ Das Olivenöl erhitzen, Tomaten und Knoblauch andünsten, den Thymianzweig und die Gewürze zugeben und alles bei geringer Hitze 45 Minuten köcheln lassen.
◆ Den Thymianzweig entfernen und die Sauce pürieren.

Die Sauce passt zu Teigwaren wie auch zu Fleisch-, Fisch- Gemüse- und Reisgerichten.

Sauce authentique Romana

800 g Tomaten
8 Frühlingszwiebeln
3 Knoblauchzehen
2 Sellerieblätter
1 Bund Petersilie
1 Peperoncini
Olivenöl
2 Zweige Thymian, ganz
Salz, Pfeffer aus der Mühle

◆ Die Tomaten häuten, entkernen und in Würfel schneiden. Zwiebeln, Knoblauch, Sellerieblätter und Petersilie fein hacken. Die Peperoncini entkernen und ebenfalls fein hacken.
◆ Etwas Öl erhitzen, Zwiebeln, Knoblauch und Selleriekraut weich dünsten, salzen.
◆ Die Tomaten, die Thymianzweige und Peperoncini beigeben und alles in der offenen Pfanne zur gewünschten Dicke einkochen lassen. Zum Schluss die Petersilie dazugeben und mit Pfeffer abschmecken.

Die Sauce passt ausgezeichnet zu Teigwaren.

Tomatensauce Bolognese

4 grosse Fleischtomaten
1 Zwiebel
150 g Butter
3 EL Olivenöl
1 Prise Zucker
Salz

◆ Die Tomaten häuten und fein würfeln, die Zwiebel fein hacken.
◆ 50 g Butter und das Öl erhitzen, die Zwiebel darin glasig dünsten, die Tomaten beifügen, salzen.
◆ Bei kleiner Hitze 20 Minuten köcheln lassen, dann passieren.
◆ Die restliche Butter mit dem Zucker schmelzen, die passierte Sauce darunter rühren und bei kleiner Hitze weitere 15 Minuten köcheln lassen.

Römische Tomatensauce

500 g San-Marzano-Tomaten
2 grosse Zwiebeln
1 Zweig Stangensellerie (ca. 200 g)
6 EL Olivenöl
Salz

◆ Tomaten, Zwiebeln und Sellerie rüsten und klein schneiden.
◆ Das Öl erhitzen, das Gemüse darin andünsten und bei kleiner Hitze etwa 45 Minuten köcheln lassen, durchpassieren und zu Teigwaren servieren.

Römische Tomatensauce mit Knoblauch und Basilikum

500 g Tomaten
2 Zwiebeln
6 Knoblauchzehen
viel Basilikum
6 EL Olivenöl
Salz, Pfeffer aus der Mühle

◆ Die Tomaten entkernen und grob würfeln, die Knoblauchzehen scheibeln, den Basilikum fein schneiden.
◆ Im heissen Olivenöl die Zwiebeln und den Knoblauch dünsten, die Tomaten dazugeben und alles weich köcheln. Die Sauce würzen, pürieren und den Basilikum darunter mischen.

Ravioli mit Tomatenpesto, Rezept Seite 70

Tomatensauce aus dem «Hausschatz» von 1917

«Man wasche und zerteile 6 Tomaten, drücke sie gut aus und dünste sie mit einer Scheibe magerem, rohem Schinken, einer in Scheiben geschnittenen Zwiebel, einem Lorbeerblatt, etwas Pfefferkörnern und ganzen Nelken weich, streiche die Masse durch ein Sieb, dämpfe etwas Mehl auf, verrühre es mit der Masse, füge 1/8 l Weisswein, etwas Zitronensaft, nach Belieben Zucker und etwas Fleischbrühe oder Wasser hinzu und koche hieraus eine dickliche Sauce.»

Tomatenpistou

4 reife Tomaten
3 Knoblauchzehen
1 Bund Basilikum
1/2 Bund Petersilie
6 EL Olivenöl
100 g Parmesan, gerieben
Salz, Pfeffer aus der Mühle

◆ Die Tomaten entkernen und in kleine Würfel schneiden.
◆ Den Knoblauch und die Kräuter fein hacken und zusammen im Mörser zerstossen.
◆ Nach und nach das Öl dazugeben und einarbeiten, zuletzt die Tomatenwürfel beigeben und alles zu einer Paste vermischen. Würzen und den Parmesan darunter mischen.

Am besten schmeckt dieser Pistou zu Spaghetti.

Tomatenpesto

4 frische Tomaten
4 eingelegte getrocknete Tomaten
2 Knoblauchzehen
1 Zweig Stangensellerie
1 Prise Zucker
4 EL Olivenöl
1 Bund Basilikum
50 g geriebener Parmesan
Salz, Pfeffer aus der Mühle

◆ Die frischen Tomaten häuten und entkernen. Alle übrigen Zutaten fein hacken.
◆ Im heissen Olivenöl der Reihe nach unter ständigem Rühren zuerst die eingelegten Tomaten, dann Knoblauch, Sellerie und zuletzt die frischen Tomaten dünsten.
◆ Würzen, den Basilikum und den Parmesan darunter mischen.

Über Ravioli oder andere Teigwaren nach Belieben anrichten.

Rohe Tomatensauce

Tschechische Tomatensauce

4–5 sehr reife Tomaten
2–3 Knoblauchzehen
1 EL Kapern
4 EL gutes Olivenöl

◆ Die Tomaten enthäuten und würfeln. Die Knoblauchzehen schälen und in hauchdünne Scheibchen schneiden.
◆ Mit Kapern und Olivenöl mischen und 30 Minuten ziehen lassen.

Über al dente gekochte Spaghetti anrichten.

Sugo für den Vorrat

2 grosse Zwiebeln
4 Knoblauchzehen
100 ml Olivenöl
100 g Speckwürfelchen
600 g Rindfleisch, gehackt
1 Karotte
1/4 Knolle Sellerie
8 EL Tomatenpüree
1 kg vollreife Tomaten (im Winter gehackte Dosentomaten, evtl. durch eingelegte Tomaten ergänzt)
100–200 ml Rotwein
viel Basilikum
Salz, Pfeffer aus der Mühle

◆ Die Zwiebeln und den Knoblauch fein hacken.
◆ Das Olivenöl erhitzen und darin die Speckwürfelchen und das Fleisch scharf anbraten, dann die Zwiebeln und den Knoblauch dazugeben, mitdünsten, die Karotte und den Sellerie dazuraspeln und ebenfalls mitdünsten.
◆ Das Tomatenpüree dazugeben, gut mischen und mitdünsten, dann die Tomaten beifügen, aufkochen, mit dem Wein ablöschen und würzen. 1 Stunde leicht köcheln lassen.
◆ Kurz vor dem Servieren den fein gehackten Basilikum darunter mischen.

Nach Belieben kann anstelle des Pfeffers eine kleine Peperoncinischote mitgekocht werden.

Für den Vorrat den Sugo erkalten lassen und in Portionen einfrieren.

Mayonnaise-Varianten

Für die Grundmasse 1 Eigelb mit wenig Senf, Essig oder Zitronensaft und Salz verrühren. 1/2 Liter Maiskeimöl langsam einlaufen lassen und einarbeiten.

Rote Mayonnaise:
Mit fein gehackter roter Peperoni (Paprika), Tomatenpüree und Estragon.

Sardellenmayonnaise:
Mit zerdrückten Sardellenfilets.

Mayonnaise provençale:
Mit gepresstem Knoblauch und geschälten, fein gehackten Tomaten.

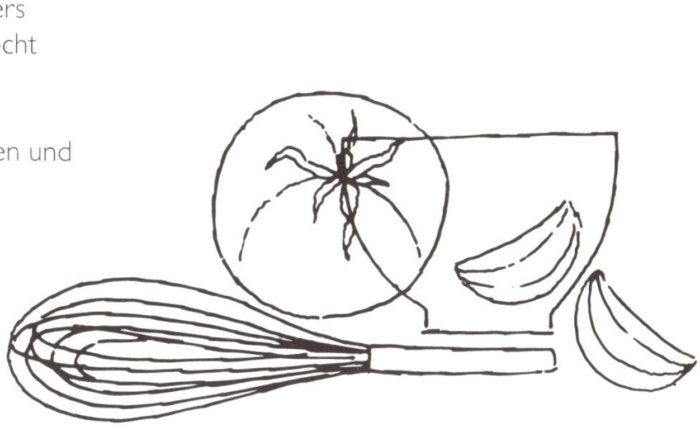

Confiture

Cherrytomaten in Essig

2 kg Cherrytomaten, rot, gelb oder gemischt
1 Zwiebel
1 gelbe Peperoni (Paprika)
1 EL Pfefferkörner
1 EL Senfkörner
einige Zweige Thymian
einige Salbeiblätter
einige Basilikumblätter

Essigsud:
½ l Weissweinessig
½ l Wasser
1 TL Salz
150 g Rohzucker

◆ Die Cherrytomaten ganz lassen, die Zwiebel in Streifen schneiden, die Peperoni entkernen und in Streifen schneiden.
◆ Alles zusammen mit den restlichen Zutaten vermischen und in saubere Gläser füllen.
◆ Für den Essigsud alles zusammen aufkochen und heiss über die eingefüllten Tomaten giessen. Die Gläser sofort fest verschliessen, im 150 Grad heissen Ofen auf ein Gitter stellen und 1½ Stunden sterilisieren. Im Ofen erkalten lassen.

Passt ausgezeichnet zu Siedfleisch, Raclette oder Fondue.

Wintervorrat aus Tomaten, Auberginen und Peperoni

500 g reife, kleine, feste Tomaten
2 Peperoni (Paprika)
1 Peperoncini
2 Auberginen
2–3 Sellerieblätter
Salz

◆ Die Tomaten in Scheiben, die Peperoni in Streifen schneiden, die Peperoncini entkernen und in feine Ringe schneiden.
◆ Die Auberginen schälen, würfeln, mit Salz bestreuen und mindestens ½ Stunde stehen lassen, abgiessen und mit Küchenpapier trockentupfen.
◆ Die Gemüse mit den Peperoncini und Sellerieblättern in Gläser schichten, mit einem Sellerieblatt abschliessen.
◆ Die Gläser gut verschliessen und das Gemüse im Backofen bei 80 Grad ½ Stunde pochieren.
◆ Kühl aufbewahren und im Winter für Eintopfgerichte verwenden.

Serbischer Salat

Je 2–3 Tassen grüne Tomaten, Weisskohl, Zwiebeln, rote und gelbe Peperoni (Paprika)
1 l Wasser
½ l Essig
100 ml Öl
1 EL Zucker
1 Prise Salz

◆ Die Gemüse waschen, rüsten und in feine Streifen schneiden.
◆ Zusammen mit den restlichen Zutaten in einen Topf geben und unter gelegentlichem Umrühren 10 Minuten durchkochen.
◆ Heiss in saubere Gläser füllen, sofort verschliessen und 5 Minuten auf den Kopf stellen. Umkehren und kühl und dunkel aufbewahren. Haltbarkeit: mindestens 6 Monate.

Passt herrlich zu Raclette und Käsefondue oder als knackige Salatbeigabe zu Kartoffeln in der Schale.

Mazedonischer Salat

1 grosse Tomate
1 Zweig Stangensellerie
1 Peperoni (Paprika)
2 Knoblauchzehen
1 Peperoncino (Chili), ganz
100 ml Essig
100 ml Wasser
1 TL Salz,
1 TL Zucker
Petersilie

◆ Das Gemüse bis auf den Peperoncino fein schneiden.
◆ In einer Schüssel Essig, Wasser, Salz und Zucker verrühren, das fein geschnittene Gemüse darunter mischen, in ein Glas füllen und den Peperoncino dazugeben.
◆ Hält sich fest verschlossen, kühl und dunkel aufbewahrt mindestens 6 Monate.

Passt herrlich zu Raclette und Käsefondue oder als knackige Salatbeigabe zu Kartoffeln in der Schale.

Süss-saure Cherrytomaten

500 g rote und gelbe Cherrytomaten
2 Knoblauchzehen
2 Nelken
3 Zweige Estragon
700 ml Weissweinessig
200 g Rohzucker
1 EL grobes Salz
1 TL Pfefferkörner

◆ Die Tomaten zwei bis drei Mal mit einer Stecknadel einstechen.
◆ In ein grosses Glas geben, die Knoblauchzehen, Nelken, Pfeffer und Estragon dazugeben.
◆ Den Essig mit Zucker und Salz aufkochen, gut mischen und heiss über die Tomaten giessen, bis sie damit bedeckt sind. Erkalten lassen und erst dann das Glas verschliessen.
◆ Kühl aufbewahren und nach 8 Wochen zu kaltem Fleisch, Salaten oder Käseplatten servieren.

Tomaten einmachen «Hausschatz» 1917

«Man füllt einen Steintopf mit gut ausgereiften, aber noch harten Tomaten und giesst gekochten und wieder abgekühlten Weinessig darüber und über diesen etwa eine fingerdicke Lage Olivenöl.
Die Tomaten halten sich auf diese Weise vorzüglich.»

Tomatenmark
Für 2-mal 250 g

2 kg vollreife Tomaten
1 Bund Basilikum

◆ Die Tomaten grob schneiden.
◆ Zusammen mit den Basilikumblättern in einen Topf geben und unter gelegentlichem Umrühren 15 Minuten kochen.
◆ Die Masse durch ein Sieb streichen und bei mittlerer Hitze 1 Stunde lang einköcheln lassen, immer wieder umrühren.
◆ Heiss in ganz saubere Gläser füllen und sofort verschliessen. Oder im Ofen bei 200 Grad 30 Minuten sterilisieren und im Ofen auskühlen lassen. Das Tomatenmark ist 6–8 Wochen haltbar.

Ketchup

2 kg Tomaten
2 EL Essig
3 EL Rohzucker
wenig weisser Pfeffer aus der Mühle, wenig Salz

◆ Die Tomaten grob schneiden.
◆ Mit den übrigen Zutaten 1 Stunde köcheln lassen, durch ein Sieb streichen, nochmals 10 Minuten einkochen lassen und abschmecken.
◆ Heiss in saubere Gläser füllen, sofort fest verschliessen und 5 Minuten auf den Kopf stellen. Das Ketchup hält sich kühl und dunkel aufbewahrt bis 1 Jahr.

Tomatenmus

Aus überreifen, bereits weichen Tomaten lässt sich rasch eine leckere Tomatenkonserve herstellen.

◆ Die Tomaten in grobe Stücke schneiden. Ein grosses Drahtsieb über eine Schüssel hängen und die Tomaten hindurchstreichen.
◆ Nach Belieben Basilikumblätter fein schneiden und darunter mischen.
◆ Das Mus in Gefrierbehälter füllen und sofort einfrieren.

Dies ergibt eine aromatische Zugabe für Suppen und Saucen und einen feinen Pizzaaufstrich.

Tomaten du Chef

◆ Tomaten quer halbieren, ausdrücken, mit der Schnittfläche nach unten auf ein mit Backpapier belegtes Blech legen. Mit Olivenöl beträufeln und 3 Stunden bei 80–90 Grad im Backofen garen.
◆ Die Tomaten können in einer flachen Vorratsdose einige Tage im Kühlschrank aufbewahrt werden.

Dies ist eine ausgezeichnete Beilage zu gebratenem Fleisch und zu Teigwaren.

Getrocknete Cherrytomaten

◆ Cherrytomaten quer halbieren, mit der Schnittfläche nach oben auf ein Dörrgitter legen. Nach Belieben mit frischen Rosmarinnadeln bestreuen.
◆ Über Nacht trocknen lassen.

Tomatenkonfitüre «Hausschatz» 1917

«Sie ist wenig bekannt, schmeckt jedoch gut und ist ungemein haltbar. Gut gereifte Tomaten werden von den Stielen befreit, gewaschen und mitten entzweigeschnitten. Dann wird ihnen unter dem Wasserhahn mit starkem Strahl der grösste Teil der Kerne herausgespült. Dies muss aber rasch geschehen, damit von dem Fleische nichts mitkommt. Man rechnet gewöhnlich das gleiche Quantum Zucker wie Früchte, wenn sie aber recht ausgereift sind, kann auch etwas weniger genommen werden. Alles zusammen wird auf kleinem Feuer lange eingekocht.»

… und zum Abschluss etwas Süsses!

Tomatendessert

4 grosse, reife Tomaten
2 Äpfel
2 Birnen
2 Scheiben Ananas
4 Pfefferminzblätter
1 EL Baumnüsse
1 EL Mandeln
1 EL Pistazien
1 Streifen Orangenschale
1 Streifen Zitronenschale
100 g Zucker
wenig geriebener Ingwer
4 Nelken
1 Prise Anispulver
1 Stück Zimtstange
2 EL Rosinen

Sauce:
Saft von 1 Orange
1 Vanilleschote

◆ Die Tomaten häuten, einen Deckel wegschneiden, aushöhlen und in eine gebutterte Form stellen.
◆ Die Äpfel und Birnen schälen, das Kerngehäuse entfernen, die Früchte in kleine Würfel schneiden. Die Pfefferminzblätter fein schneiden.
◆ Die Nüsse, Mandeln und Pistazien ebenso wie die Orangen- und Zitronenschale fein hacken.
◆ 50 g Zucker in eine Pfanne geben und bei kleiner Hitze karamellisieren. Die Apfel-, Birnen- und Ananaswürfel beifügen und bei hoher Hitze garen. Die Zimtstange entfernen. Alle übrigen Zutaten ausser dem Orangensaft, der Vanilleschote und dem restlichen Zucker dazugeben und mischen, in die Tomaten füllen.
◆ Den restlichen Zucker karamellisieren, mit dem Orangensaft ablöschen, das ausgekratzte Vanillemark dazugeben und köcheln lassen, bis sich der Zucker aufgelöst hat.
◆ Die Tomaten im vorgeheizten Ofen bei 220 Grad überbacken. Heiss servieren und die Sauce separat dazu reichen.

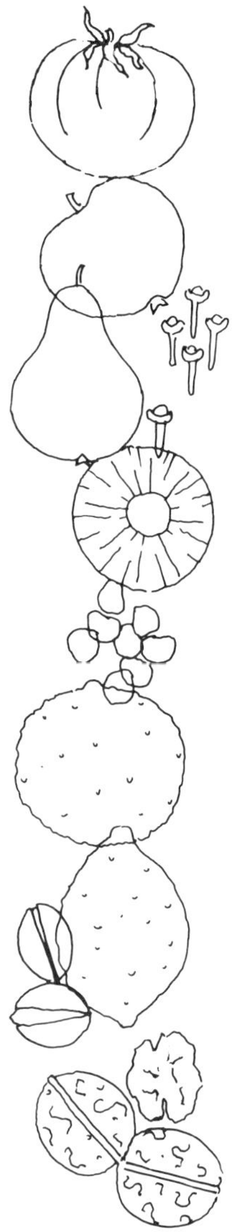

Purée tomate
500 gr. Tomaten / Salz /

Rezeptverzeichnis

Suppen
Aztekensuppe 16
Gazpacho 18
Minestrone mit getrockneten Tomaten 19
Tioro 18
Tomatensuppe «Hausschatz» 19
Tomatensuppe Classico 15
Tomatensuppe mit Broccoli 15
Tomatensuppe, kalte, mit warmen Croûtons 16

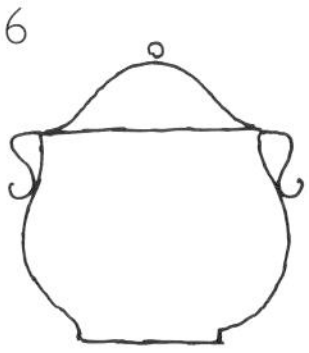

Vorspeisen
Aperitiftomaten, kleine 23
Auberginenschnitten, gefüllte 23
Bruschetta 25
Cherrytomatenschnitten 24
Gefüllte Tomaten (5 Varianten) 21
Pan con tomate 24
Raffinierte Tomaten 23
Schnell und bunt 24
Tomaten am Spiess 22
Tomaten mit Quark 22
Tomatencocktail 21
Tomatendrink 21

Salate
Mein Heimweh-Tomatensalat 28
Pariser Tomatensalat 27
Taboulé 27
Tomaten-Mozzarella-Salat, klassischer 28
Tomaten-Peperoni-Salat aus dem Balkan 27
Tomatensalat – der einfachste und beste 28
Tomatensalat «Hausschatz» 27
Tomatensalat Paysanne 28

Kleine Gerichte für zwischendurch
Rühreitoast mit gedämpften Tomatenwürfeln 31
Tomaten Bella Vista 32
Tomaten mit Eifüllung 32
Tomaten, gefüllt mit Ei und Schinken 32
Tomatenbrot, rustikales 32
Tomaten-Schinken-Omelette 31
Tomatenschnitten 31
Tortilla 34
Tortilla mit frischer Tomatensauce 34
Tourin 34

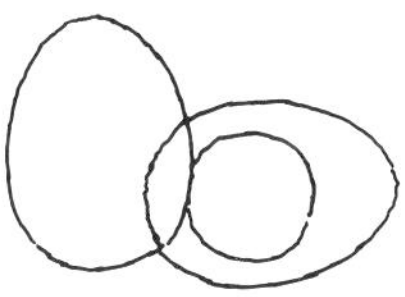

Fischgerichte
Austernspiesse mit Tomatenfondue 41
Dorsch im Tomatenbett 38
Fisch à la provençale 40
Fischgratin à l'italienne 37
Fisch-Tomaten-Gratin an grüner Sauce 40
Thunfisch, frischer gebratener, mit Tomatendecke 38
Tomaten, gefüllt mit Tintenfisch 37
Tomatenkompott mit Safran und frischen Sardinen 41

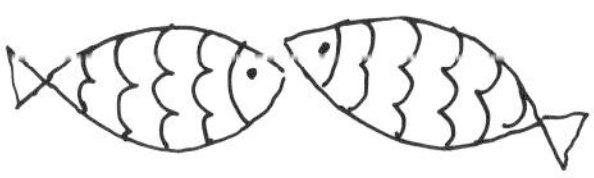

Fleischgerichte
Chili con Carne 46
Djuvec 45
Gefüllte Tomaten à l'ancienne 43

Gefüllte Tomaten serbische Art 43
Kaninchen Ischia 46
Poulet mit Peperonata 44
Rindsgulasch Andalusien 44
Sommereintopf auf serbische Art
Sommergemüseauflauf mit Hackfleisch 44
Tomatenhähnchen 46

Vegetarische Gerichte und Beilagen

Bohnen mit frischen Tomaten 53
Bohnen mit getrockneten Tomaten 54
Freiburger Tomaten 56
Gefüllte Tomaten «Hausschatz» 54
Gemüselasagne 51
Gourmet-Tomaten 50
Griechische Tomaten 56
Nudeln, breite, mit rohen Tomaten 52
Satarasch aus Serbien 53
Schneller Tomatengratin 49
Teigwaren mit Kürbis-Kartoffel-Püree 52
Teigwaren-Tomaten-Auflauf 52
Tomaten im Grünen 49
Tomaten mit Schafskäsefüllung 57
Tomaten-Bohnen-Topf aus Italien 53
Tomaten-Fenchel-Auflauf 51
Tomatendessert 76
Tomatenfondue 58
Tomatenfondue nach Walliser Art 58
Tomatengemüse, einfaches 49
Tomatenpastete 61
Tomatenpudding 50
Tomatenquiche 61
Tomatenreis 54
Vegitomaten 57

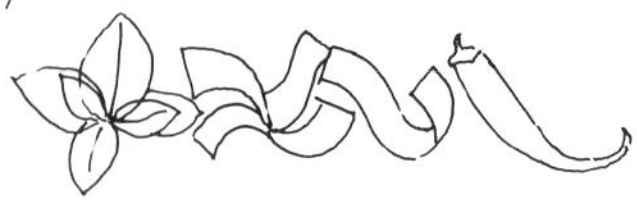

Pizzas, Quiches, Wähen

Basler Pizza 62
Maiskuchen mit Mozzarella-Tomaten 64
Tomaten auf grünem Boden 62
Tomaten-Tatin 65
Tomaten-Zucchini-Wähe 64

Saucen

Annas Tomatensugo mit Fleisch 67
Mayonnaise-Varianten 71
Rohe Tomatensauce 70
Römische Tomatensauce 68
Römische Tomatensauce mit Knoblauch und Basilikum 68
Sauce authentique Romana 68
Sugo für den Vorrat 71
Tomatenbuttersauce 67
Tomatenpesto 70
Tomatenpistou 70
Tomatensauce «Hausschatz» 70
Tomatensauce à la Patronne 67
Tomatensauce Bolognese 68
Tomatensugo alla Anna 67

Vorräte

Cherrytomaten, getrocknete 75
Cherrytomaten in Essig 73
Cherrytomaten, süss-saure 74
Grüne Sauce 40
Ketchup 75
Mazedonischer Salat 74
Serbischer Salat 73
Tomaten du Chef 75
Tomaten einmachen «Hausschatz» 74
Tomatenkonfitüre «Hausschatz» 75
Tomatenmark 74
Tomatenmus 75
Wintervorrat aus Tomaten, Auberginen und Peperoni 73

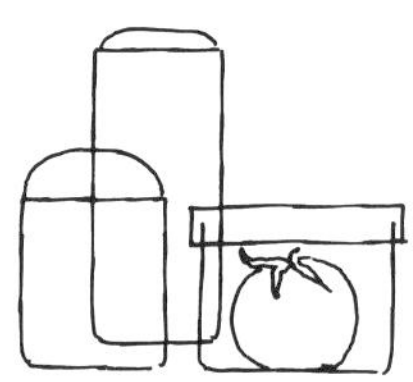